흙투성이 얼굴

일러두기

1. 2019년부터 2022년 사이에 지은 것들이다. 쓴 순서대로 엮었다. 퇴고 중에 내용과 제목이 바뀐 것도 그 자리에 두었다. 두 편으로 나뉘거나 그 와중에 유발된 새것도 그 자리에 덧붙였다.
2. 본문에서, 문맥상 오독(誤讀)의 우려가 있는 어휘만큼은 한자를 그대로 쓴다.
3. 상용화된 사투리 및 익은 옛말은 주(註)를 달지 않았다.
4. 작의(作意)의 단초가 되거나 흐름에 가력(加力)한 문장, 구절은 그 출처를 밝힌다. 혹은 세세히 적고 혹은 간략히 붙였다.

흙투성이 얼굴

정용암 시집

작가

차 례

제1부

우붕 다듬는 노파 10
인공 언덕 11
황금두꺼비 12
잘 가라, 나비 13
너는 웃는구나 15
양파 뽑는 남자 16
도장길 골목 18
망개풀 19
호인 슈퍼 20
노란 다라이 21
천호 제2수문 23
투명인간 26
가는바람이 문풍지를 스칠 때에 27
숲 그늘 28
날밤을 지새우다 29
BELL 30
슬픈 誤譯 32
비를 태우다 34
토리노의 말 36
추적추적 비가 내리고 37
비에 갇히다 38
패설 39
진납들 40

알로하 오에　41
처서　44
장마　45
인생　46
街頭　48
개벽　50
흙투성이 얼굴　51
空月空日　53
꽃이 지리라　55
시절가 – 구황작물에 관한 小考　56
나보다 더 힘든 사람　62
포식자　63
희망가　64
그 모과나무 아래　69
關關雎鳩　71
천박하게 살아야지　72
아홉 이랑 콩밭 갈며 꿀벌도 치며　74
바람은 공기의 이동이다　76
너를 만나기 전에　78
밤안개　80
길 떠난 양　81
양귀비꽃 – 미륵대원지에서　83
삼십 년 묵은 밤톨　84

2부

랑비에 결절 88
밤에 도둑처럼 90
凋落 91
성에꽃 92
봄은 고양이로다 93
사랑의 定位 94
零時 96
절망가 97
하늘이 내게 가르치네 98
태평가 99
코로나 블루 100
대설 101
소통 102
江雪1 104
江雪2 105
연가 106
가래여울 107
박타령을 다시 읽다 108
德沼三牌1 111
德沼三牌2 112
德沼三牌3 113
감옹 114
小春 116
안개비 117
燒紙 118
사북 119
우수 120

忠州過客有想 121
晨時의 까치소리 123
용담터널의 저편 124
샘터를 찾아서 125
빈손 126
또다시 봄날 127
낙화유수 128
南塘過客有想 129
性穴 — 팔공산 관봉에서 131
안부에 답하다 132
홍시 133
그늘숲 135
딱하다 137
離騷 138
오월 140
다람쥐처럼 141
오월이 가네 143
빈혈 144
숲 146
여름비 147
구름 위에 지새는달처럼 149
한삼덤불 150
회전 날개뼈 152
Cavatina 153

해설
성찰과 응시의 미학_홍일표(시인) 154

1부

우붕* 다듬는 노파

저녁답 그윽한 골목길에
우붕 다듬는 소리 들리네
길갓방 턱받이 노파
쪽숟갈로 껍질 긁는 소리

이쪽저쪽 긴 골목이
일궈 놓은 밭골 같은데
흙 껍질 속절없이 뿌리고
흰 속살 저문 빛에 부시네

우방이 우왕이 되고 우웡, 우웡이 우엉이 되기까지 얼마나 많
은 바람이 불었는지 다시금 우방으로 살아나 우봉, 우벙, 우붕,
우웅이 되기까지 얼마나 많은 등뼈가 휘었는지 또 얼마나 많은
고개를 넘었는지

골목길 한 끝에서 또 한 끝까지
오갈 데 없이 겉잠은 일평생
우붕 다듬는 소리 쌓이네
세월 추리는 소리 들리네

* 우붕: '우엉'을 뜻하는 경상 사투리이다. '우엉'은 한자어 '우방'(牛蒡)에서 왔다 (우방→ 우왕→ 우웡). 우왕(15C)>우웡(17~19C)>우엉(20C)의 변화를 거쳤다. 경남 지역에는 '우봉'(부산), '우벙'(고성), '우웅'(창녕) 등의 이형태가 나타난다.

인공 언덕

바람조차 멎은 한낮이건만
가시나무 훌쩍한 산울의 너머
신들메 푸는 사내가 보이네

비탈에 잡힌 쑥부쟁이 몸을 숙이고
자디 잔 나비 몇이 적막에 젖어
잦바듬한 날개들 애써 가누네

가시나무 산울에 목책 두른 그 너머
휘지며 굽지며 또 너머로 사라지는
물매 뜬 저 아름다운 비탈 풀밭

바람조차 멎은 한낮이건만
흰 찔레꽃 눈부신 꿈의 능선
맨발로 거니는 사내가 보이네

황금두꺼비

협애한 범주에서 벗어나라
협량한 마음에서 벗어나라

그가 그를 해체했고
자연이 그를 다시 주조했다
그는 괴로웠고
자연은 不仁했다

자연은 순수를 혐오한다.*
1989년 이후 그를 본 사람이 아무도 없다

---

* 해밀턴(W. D. Hamilton, 1936~2000):
"'Nature abhors a pure stand'(because it breeds diseases; 1982, 1987)"

잘 가라, 나비

30센티 반지하 단칸방이라
30센티를 궁리하는 사이에
날아든 호랑나비
화려한 날개는 눈부셔
꿈속 같아 어찔한 시간
천국 같아 짧은 시간

30센티의 운명
30센티의 슬픔
나는 몸뚱이밖에 없고
넌 날개뿐이야
우린 함께 살 수 없어
네가 알아서 해

난 나가라고 했어
문을 활짝 열어뒀어
어둑한 잡동사니 틈에 숨지 마
눈물 얼룩에 스미지 마
뒤돌아보지 마

돌이키지 마

힘들어, 넌
여기서 살 수 없어
생각만으로 달라지진 않아
밝은 쪽이 환한 쪽이야
밝은 쪽이 지상이야
밝은 쪽이 願이니 알아서 해

붉은 바람벽 사이로
나붓나붓 날아가는 나비
갈라진 하늘을 트며
떠나는 나비
푸르른 하늘 속으로
잘 가라, 나비

너는 웃는구나

너는 웃는구나
흡착음을 끄는 갈퀴 같은
웃음소리

가슴이야 피 흘리는 절개지
얼굴이야 날끝 찬빛의 번뜩임
너는 긴 울음 끝에 기어이
웃는구나

고민이야 活物 같아서
빠질수록 깊어지지
벋고 갈래지고 더 패이며
너와 대적하고 너를 조롱하지

그래도 너는 웃는구나
흡착음을 끄는 갈퀴 같은
웃음소리

양파 뽑는 남자

마른 땅에 뿌리 내린
손아귀들. 뿌지직 뽑히는
황금 머리들
문적문적 밭두둑을 타고
흩어지는 먼지바람
— 은줄이 풀어지고
금 그릇이 깨어지네.*

소주 마시고 탄 피우지 마
빈 가지에 문고리에 목매지 마
눈먼 낭떠러지로 뛰어내리지 마
악의 손아귀에 맡겨
발바닥의 뿌리를 믿어

어깻죽지가 뻐근해지는
생의 *疼痛*. 뿌지직 뽑히는
황금 머리들
민숭민숭 구릉을 스치며
중얼거리는 서늘바람

— 헛되고 헛되다.
모든 것이 헛되도다.*

---

* 전도서(Kohelet) 12 : 6, 8

도장길 골목

아버지 대문턱에 앉으셨고
나는 골목 끝머리에 쪼그리네

내 나이 예순을 넘긴 지 오래
아버지 살아계셔 아직 청춘인데

40년도 더 묵은 도장길 이 골목
샛바람조차 예전 같지를 않네

습관이 된 고민 운명이 된 추억
오냐오냐 바람결 골목을 지나네

망개풀

골안개 걷히니
초록빛 눈물 나네
무덤가에 짙푸른 망개풀
거칠한 손바닥을 내밀었네

― 애야, 한 모금 하렴.
기운을 내어보렴.

허덕허덕 오른 산길 끄트머리
가랑가랑 이슬 담은
울 할머니
오그랑손

호인 슈퍼

호인 슈퍼 간판을 내린지 오래
텅 빈 시렁 앞에 쪼그려 손비질 하던 늙은 부부
떠난 지 오래
오늘은 철거반 트럭에 쇠붙이들만 실려 가네

내 젊은 날 삼 만원을 빌려주었던 호인 슈퍼
도주길 떠나는 젊은이의 뒷모양을
안쓰럽게 밝혔던 호인 슈퍼

거친 바람결에서 떨어져 나와
골목길을 헤적이다 또 감감한
한 떨기 바람 떨기

노란 다라이*

내놓자마자 낚아채더니
이참에는 그대로다
욱하고 내다버린 노란 다라이
물때가 겹쳐 지워지지도 않는 노란 다라이
나물 씻고 김치 담그고 물받이 세월을 누렸던
한 이십 년쯤 묵은 색 바랜 노란 다라이
문밖 하룻볕에 짠하네

노란빛은 당신과 어울렸지
당신은 노란빛에 더 화사하게 빛났지

매몰시리 떠났으니
매몰시리 길을 지키리
근심을 말자

無垢한 때가 어찌 있으리
無垢한 삶이 어디 있으리

* 다라이:
1) '다라이'는 '대야(大匜)'를 뜻하는 일본어 'たらい[盥]'의 발음이 유입된 말로 본다. 대개 실생활에서는 대야와 다라이를 구별하여 쓴다. 경상 지역에서는 대야

를 '대에'로, 다라이는 그대로 '다라이'로 부른다. 상대적으로, 대에(대야)는 작고 다라이는 크다. 세수용을 '세숫대에'(세숫대야)로, 빨래용을 '빨래다라이'로 이른다. '빨랫대에'(빨래대야)는 있지만 '세숫다라이'는 없다. 대에(대야) 중에서 별나게 큰 것을 다라이라 부르는 것이니, 기본적으로는 포함관계(包含關係)가 된다.

2) '다라이'가 일어계 외래어가 아니라 일본으로 들어간 우리 고어가 역유입된 말이라는 설이 있다. '대야'는 훈민정음을 설명한 한문 해설서인 『訓民正音解例本(훈민정음해례본)』(1446)에 '다야'("ㅑ', 如남샹爲龜 약爲口䪷 다야爲匜 쟈감爲蕎麥皮")로 나타나는바, 이 '다야'의 어원인 '다라'가 일본으로 건너가 '다라이'로 변했다고 보는 것이다. '바구니'의 옛말인 '드라치'가 『訓蒙字會(훈몽자회)』(崔世珍 編, 叡山文庫本, 1527)에 나타나고, 또한 '바구니'의 사투리 '다랑치·다렝이'(평북) 및 '다라치'(경북·평북)가 있는 점도 그 설득력을 높인다. 바구니와 다라이는 둥글고 속이 깊숙한 모양새가 닮았다. '아가리가 좁고 바닥이 넓은 작은 바구니'를 이르는 표준어 '다래끼'에도 어원 '다라'의 흔적이 온전히 남았다. 최근 시중에 '다라이'라는 말을 대신하여 '왕다라', '사각다라', '고무다라' 등처럼 '다라'를 쓰는 상품명이 늘고 있는바, 잠재해 있던 옛말 '다라'의 자연스러운 부활로 읽힌다.

천호 제2수문

여길 왜 왔는지 나는 아주 모르지
내 행동을 내가 다 알지는 못해
모든 일에 이유가 있는 것도 아니야
훗날에 생각나거나 찾거나 만들어지기도 하지
그럴 일조차 없는 훗날이 무슨 소용이겠어

여긴 물길이 보이지 않고 물소리만 요란한 곳
물소리에 영혼이 부서져 캄캄히 스미는 곳
텅 빈 몸이 수숫대처럼 버석거리는—버석거림의
가뜬함을 되먹임 하듯 새겨야 해, 살아가려면—
한여름 밤의 잠처럼 안온한 죽음의 입구

대로변에 붙잡힌 교통섬을 끼고 벋은 곳
막다른 길이 꿈틀거리며 교통섬을 밀어붙여
강파르게 이지러진 비탈의 칡덩굴이 혀를 날름거리지
몇은 견디다 못해 전신주와 사이프러스를 휘감아 오르며
황량한 하늘과 구름의 소용돌이 속으로 초록 피를 뿜어내지*

쭈그러진 반죽 같아 흐물흐물 구겨진 길둑 언저리

키 큰 억새풀 쑥부쟁이 덤불이 철철이 낯빛을 바꾸지
새벽안개 속에 주뼛주뼛 생울타리가 스산한 곳
아른아른 청람을 가린 가드레일이 나른한 곳
텅 빈 오후에 입구와 출구가 헛갈리는 곳

가끔은 승용차가 성급히 잡아들다 멎는 곳
내린 차창에 얼굴을 붙이며 "길 있어요?"하고 묻는 곳
그러면 "막혔어요."라고 대답하는 곳
가끔은 자전거를 멎고 "한강, 어디로 가요?"하고 묻는 곳
그러면 둘러가요, 라고 답하려다 말고

계속하려면 부질없는 場所感을 버리세요
아니면 훨훨 날아 아낙들이 아궁이에 불을 지피는
샤갈의 마을**로 가시든지, 하고 나직이 중얼거리는 길
계속 살아가려면 이승의 場所性을 잊으세요
아니면 함께 천호 제2수문에서
시원하게 부서져 스미시든지

* 고흐(Vincent van Gogh, 1853~1890), 「The Starry Night」(캔버스에 유채, 73.7
×92.1cm; 1889)

** 김춘수(金春洙, 1922~2004), 「샤갈의 마을에 내리는 눈」(1969) 제10~15행:
三月에 눈이 오면
샤갈의 마을의 쥐똥만한 겨울 열매들은
다시 올리브빛으로 물이 들고
밤에 아낙들은
그 해의 제일 아름다운 불을
아궁이에 지핀다.

투명인간

"난 너와 대학을 함께 다녔던 그리핀이야. 난 투명인간이 되었어. 하지만 보통인간과 다름없어. 그저 네가 알던 한 인간이 보이지 않게 된 거라고."*

주위를 살펴
사물의 표정을 봐
자세히 보지 않으면 안 보여

안 보이면 없는 거야
사라지기 싫어
내 얼굴을 봐

난 여기, 아직,
살아 있어

---

* 웰스(Herbert George Wells, 1866~1946), 「투명인간(The Invisible Man)」 (1897)

가는바람이 문풍지를 스칠 때에*

가락에 잡힌 말이
호박꽃부리에 갇힌 호박벌처럼 웅웅거리네

가락에서 풀려난 말이
통꽃부리에서 달아나는 뒝벌처럼 붕붕거리네

내가 바랐던 소리는
들깻잎이나 앵두나무 이파리 바싹 귀에다 대고
손 집게로 사분사분 누를 때에
나는 소리

어둑새벽 봉창에 함박눈 내릴 때에
가는바람이 문풍지를 스칠 때에
가만히 合唱하는 그 소리

---

* 한용운(萬海/卍海 韓龍雲, 字 貞玉, 1879~1944), 「藝術家(예술가)」(『님의 沈默』, 滙東書館, 京城府, 大正十五年) 제2연:
　나는 파겁못한 聲樂家여요
　이웃사람도 도러가고 버러지소리도 끈첫는데 당신의가러처주시든 노래를 부르랴다가 조는고양이가 부끄러워서 부르지못하얏슴니다
　그래서 간은바람이 문풍지를슬칠째에 가마니슴唱하얏슴니다

숲 그늘

숲 그늘에 숭굴숭굴 난 구멍
누가 뚫었나

우듬지에 어린 뿔들
하늘길을 엿보는데

새는 안 보이고
쉰 소리만 걸렸네

바람 씻긴 무덤가 배롱나무
누가 베었나

구름 그늘 스치고
땅거미가 몰리는데

등걸에 몸 붙인 그림자
두 팔 들고 서 있네

날밤을 지새우다

낙엽이 가을에만 지는 건 아냐
바람에 지는 낙엽이 전부는 아냐

하늘과 땅이 다붙고
바람조차 얼어붙은 참혹한 세월을
그때까지 무슨 생각으로 버티었는지

절망과 원망과 불안의 기나긴 밤을 고스란히 지새우다
밝아오는 은빛 동녘에 부신 햇귀에
얼어붙은 마음 조각들
우수수 지네

BELL*

돌아다니고 싶어
도시든 시골이든 뉴욕이든
알지 왜, 우리 한때 좋아했던 비지스
쌍둥이 동생들은 죽고 홀로 남았다지?
배리 깁, 큰형 말야
붉은 목폴라 계옷에 검정 롱코트 그리고 청바지에 운동화
유튜버에서 우연히 그를 봤어 후텁지근한 이 여름에
그 순간 겨울이 그리웠어
진흙 인형처럼 부스러지긴 싫어
겨울에 그런 차림을 하고 떠도는 거지
천지가 얼어붙은 한겨울에 훅훅한 열기를 풍기면서 말야
숱이 듬성한 머리 따위는 문제없어
멋진 모자를 눌러 쓰면 돼

모든 걸 주지 않으면
숨 쉴 수조차 없는 시절이 있었지
호주머니에 남은 동전조차 죄책인 시절이 있었지
빤한 벼랑 끝이 황홀해 뵈던 시절
벼랑에서 벼랑으로 날아오르던 시절

지금은 변했어
모든 걸 주고 나면 살아갈 수가 없다는 걸 알아
벼랑 끝을 피해 가지
벼랑 돌부리도 둘러가지
슬픈 깨달음 슬픈 울림
습관의 노예가 되어버린 마음
쇠잔해진 기억 속에 닫혀 소리치는 영혼
근데, ······뭐지? BELL이 뭔 뜻이지?

---

* 비지스(The Bee Gees), 「For Whom The Bell Tolls」(『Size Isn't Everything』 1993):

"I'd give it everything but I couldn't live through."

슬픈 誤譯

생활은 번잡하고 생존은 아름답지
낯선 곳이 아름다운 건 既視感 탓이 아니야
두려움 때문이야
사금파리들이 밤빛에 부시는 일
길 잃고 헤매다가 꽃빛에 취하는 일
빛을 탕진한 꽃송이들이 두려움을 빨아들이지
활짝 피는 악의 꽃. 향긋한 죽음의 냄새
투명한 눈물의 온기. 정갈하게 추려진 말들이
고요 속에 묻히는 그 순간. 이해하지?

너와 헤어지고 나니 통장에 만 원 남짓 남았어 수수료에 걸려 인출되지 않아 창구는 닫혔어 현금인출기는 천 원짜리 따위 취급하질 않네 시스템이야 시스템에서 온기를 찾다니 작동과 작용은 다르지 진실은 사실을 버렸어 현실의 행간을 놓쳤어 슬픈 誤譯이야 눈앞이 캄캄해 시간이 꽤 흘렀는데 여기가 어딘지 난 여기 있어 여기가 어딘지*

난 여기 있어. 어디로든 가야지
네 간 곳 몰라 아침을 기다리네

내 갈 곳 몰라 아침을 기다리네

---

* 사이먼 앤 가펑클(Simon & Garfunkel), 「The Only Living Boy in New York」(『Bridge Over Troubled Water』 1970):
 "Half of the time we're gone but we don't know where, And we don't know where. Here I am."

비를 태우다*

나는 떠나고
너는 거기 서있네
헛헛한 주위 깜깜한 사위
하늘엔 별 한 점 안 보이네

어딘지 모르겠네
널 만나기 이전부터
내 발밑을 모르는 부박함에
혼자 익숙했지만

잠시 네 곁에 디뎌 선 자리가
세상의 중심이었네
충만한 주위 빛나는 사위
멀찍이 물러선 시간도 멈추었네

은빛 날개를 스치는 바람소리
바람에 반짝이는 은빛 날개
그래 한사코 떠나고
너는 거기 남았네

가벼운 사랑은 내일이 없고
깊은 사랑은 절망을 부르지
너는 비에 불을 지피고
널 불속에 던졌지

가벼운 사랑은 어제가 없고
깊은 사랑은 죽음을 부르지
너는 비에 불을 지피고
날 불속에 던졌지

---

* 아델(Adele Laurie Blue Adkins), 「Set Fire to the Rain」(『21』 2011):
 "I set fire to the rain, And I threw us into the flames. Well, it felt something died.
 'Cause I knew that there was the last time, the last time, oh, oh!"

토리노의 말*

세상의 아침이 밤이 되리니
머지않아 시간은 멈추리
— 감자나 먹어.

……

말라버린 우물 꺼져가는 불빛
최후의 바람이 울부짖네
— 먹어. 먹어야만 해!

* 벨라 타르(Tarr Béla), 'A Torinói Ló'(2011; Magyarország)

추적추적 비가 내리고

살붙이 피붙이 떠나고
어느덧 뒤란에 나 혼자 섰네
쑥부쟁이 대쑥 덤불이 자랄 대로 자라
눈앞이 가득한 근심인데
분꽃 한 송이 보일 듯 말 듯
빗줄기에 가려져 안 보이네
빗방울 몇 달붙어 눈가가 스멀거리네
잊힌 이름자 맴도는 마른 혀끝이 아릿거리네
추스르지 못한 삶 달라질 바 없으니
마음결 가누던 金言조차 흐트러져
세상에 반짝이던 詩句는 빛을 잃었네
빗방울을 튀기며 바람이 불고
부질없는 생각 너머로 쏠리는 뿌연 내구름
내 날이 여기까진가 언제까진가
분꽃 이파리에 달붙은 빗방울 툭, 떨어지네
어느새 살붙이 피붙이 다 떠나고
추적추적 오늘은 비가 내리고

비에 갇히다

안 가는 게 아니라
못 가는 거야
우릴 가로막은 비는
천재지변이지
자연스러운 일이야

가만히 읊조려 봐
자·연·스·럽·다
눈물이 날 거야
그러니 자연스럽지
마음을 믿지 마
念願을 버려

의지는 부자유스러운 것
알지? 억지 쓰지 마
괴롭히지 마
짓지 마
우린 비에 갇혔어

패설

진실은 고정관념 속에 숨어 있지
광석 속 깊이 박힌 금맥
그 빛깔조차 성가시지
그 반짝임조차 거추장스럽지

깨고 부수고 후려쳐서
문적문적 부스러지는 고정관념
돌이켜 봐, 먼지의 세월
기억해 봐, 번개의 시간

긴 태풍과 폭우가 지나간 뒤
그때 너는 이 세상에 없고
너의 진실은 패설이 되어
텅 빈 골짜기를 떠돌게 될 거야

너의 진실이 너의 패설이 되진 않아
손잡이가 닿도록 돌고 또 돌겠지
너랄 것 없는 패설을 뉘라 정제할까
울음이 되어 금맥 속에 스미지

진납*들

그때의 일을 지금에 돌이켜 무엇하리
어제의 일을 오늘에 뉘우쳐 무엇하리
때늦은 깨달음은 부질없는 먼지
한숨에 섞여 눈앞을 가리는
안개. 늦철 든 이의
불그레한 눈물기

심금이 말라 문적문적 부스러지네
생선 가시를 바르듯 저기 저
琴線을 뽑아버린 진납들

---

* 진납: '진+납'의 형태이다. 덧붙은 '진'의 정확한 의미는 알 수 없으나, '즤다'(>
재다: 재빠르고 날쌔다)와 '납[猿]'의 통사적 합성으로 추정한다. 진납(17~18C)>
진납이(18C)>즌나비(18C)>잔나비(19C)의 변화를 거쳤다.
 · 정철(松江 鄭澈, 1536~1593), 「쟝진쥬亽(將進酒辭)」종장:
  흐믈며 무덤 우희 진납이 프롬 불 제야 뉘웃츤돌 엇디리

알로하 오에*

한낮에 이곳엘 왔어
당신이 보고플 때 가끔 왔던 곳
한밤중에 말야. 오늘은 한낮이야
생각나? 하남대로 776번길의 거기
안침진 뒷골목의 첫 집 말야
여저기 통제가 심하더군
코로나19가 덮친 거야
고래 뱃속 같은 세상이지
약속의 땅은 이미 문을 닫았어
저무는 하늘에 불 꺼진 간판만 높다랗더니
그마저 말끔히 사라졌어
사라진 건 언젠가 또 나타나지
전혀 다른 곳에서 전혀 다른 모습으로
불쑥 살아나 지친 몸을 휘감겠지
이미지에 속지 마. 既視感을 지워
뒷길 계단 위 황금 슈퍼는 그대로야
문짝을 밀고 들어서면 종이 울리는 집
두어 번 울리다가 고요 속에 어쩔해지는 집
쇠 시렁 틈으로 두리번거리노라면

안쪽 구석에 뚱한 주인이 졸고 있는 집
기억하지? 음습함 속에 똬리 튼 황금덩이들
모두가 원하고 누구나 두려워하는
그 지랄 같은 모순 덩어리들
축복과 저주, 사랑과 증오는 늘 한꺼번에 닥치지
그래서 지루하지 않은 인생들
그래서 제 몫의 시간을 갉아먹는 인생들
희망은 버려, 함정이야
사랑을 지워, 헛수고야
고래 뱃속에서 소리치지는 마
울지 마. 눈물을 뿌리지마
고래 뱃속이란 게 느껴져? 아직 모르겠어?
고래는 슬픔을 마시며 자라지. 더 강해지지
그냥저냥 사라지는 법을 배워
도주하다 바다에 던져진 요나**. 거기까지만 기억해
기도 끝에 뭍에 뱉어진 요나. 그까지만 생각해
군말 없이 소멸하는 아름다움을 터득해
재림은 이미 끝난 거야, 回心해야지
사랑은 이미 끝난 거야, 돌아서야지

그러니 이제 안녕

밤의 여왕. 나의 연인

알로하 오에 알로하 오에

꽃피는 시절에 다시 만나리

알로하 오에 알로하 오에

다시 만날 때까지

* 릴리우오칼라니 여왕(Queen Lili'uokalani, 1838~1917), 「Aloha 'Oe(Farewell to Thee)」(1878)
** 요나서(The Book of Jonah) 1 : 1~17, 2 : 1~10

처서

장마 긋고 햇살이 부드럽네

갈기 세운 해바라기 고개 곧추네

고추잠자리 때를 알아 금빛을 펴고

공중에 가만하니 겹눈을 반짝이는데

나의 때는 어정칠월 덤불 속으로

건들팔월 헝클어진 소란 속으로

장마

貧而無怨이 어렵구나
난폭한 빗줄기가 산등을 치고
가끔 흰 이빨을 드러내네

원망이 자책으로 바뀌고 또 자책이
말간 물방울로 변할 때까지
웅크려야 하리
웅크리고 웅크려 온몸이 둥글어져
어디랄 것 없이 구를 때
맑은 햇살을 보리

— 새잎 물방울에 얼굴을 비추는,
물방울에 잠겨 물방울과 함께
즐거이 도르르
구르는
나

인생

> Ludwig van Beethoven(1770~1827), 'Piano Concerto No.
> 4 in G major, Op. 58'(1808): I. Allegro moderato

주제음은 능선 길 같지
능선을 돌면 슬몃 사라지고
능선을 돌아 다시 또 나타나는
운명 같은 것. 벗어날 수가 없는
거듭하는 속굿. 반복하는 권태

일탈은 그때 이미 시작되지
더 길고 더욱 뚜렷해지는 변주에 취해
주제음을 잊어버리지
심부름 길에 놀이에 빠진 아이처럼
하산 길에 가재 잡는 중처럼
샛길에서 더욱 멀어져 문득 끊긴 숲길처럼
미끄러지고 덜컥거리며 가무러지고
헤매다가 잊어버리지

까맣게 잊어버린다
마음 깊숙이 가라앉은 琴線
가끔 까닭 모를 기운에 꿈틀거리는 망각 속의
더부룩함. 되알진 배앓이

그러다 불현 듯 일어서는
빛살 같은 주제음

아, 눈이 부신 순간의 광명
이음매 없이 긴 緣起의 깨달음
그리고 짧게 닫히는
완강한 종말

街頭

길가에 거풍하듯
펼친 사람들의 위로
마파람에 게 눈 감추듯
붉은 세월만 흐르누나

어정칠월 건들팔월이란
도무지 사람의 일이 아니네
선들선들 폭쇄 이후에
바삭거리는 저 사람들을
어쩌려는 건지

삼복 처서 다 지나고
오늘이 기다리던 칠석인데
曬書曝衣란 하늘의 일이 아니네
문적문적 길가에
막막히 부서지는 소리

이미 모든 것을 잃어버릴
예비조차 아니 된* 쩡쩡한 정오

울력으로 點을 친
저리 추레한 입성들

* 유치환(靑馬 柳致環, 1908~1967), 「立秋(입추)」(1937) 제3, 4연:
쨍이 한마리 바람에 흘러 흘러 지붕 너머로 가고
땅에 그림자 모두 다소곤히 근심에 어리이다.
밤이면 슬기론 제비의 하마 치울 꿈자리 내 맘에 스미고
내 마음 이미 모든 것을 잃을 예비되었노니

개벽

무거운 것은 하늘에 지고
가벼운 것은 땅에 스미네

허, 개벽이로구나

무거운 것은 땅에 스미고
가벼운 것은 하늘에 지네

山 절로 水 절로
山水間에 나도 절로*

* 김인후(河西 金麟厚, 1510~1560),「청산(靑山)도 절로절로」중장.

흙투성이 얼굴

琴線끼리 부딪히진 않지
무한창공이나 한 뼘 거리나
그게 그거라네. 그 드팀새로
바람이 불고 온갖 소리와 빛깔이
쏜살같이 흐르며 뒤섞이지

불꽃은 둘로 나눠지지 않네
마음이란 하나로 합쳐지질 않지
정열은 각기 커지고 부풀며 상승할 뿐
합일에 무관심하다네.* 서로의 영혼에
묘한 모양새의 火印을 남기지

다만 나는
너의 琴線에 튕긴 나의 심금에 떨며
두어 폭 번져가는 파장을
파장을 휘감으며 번져가는 묘한 빛깔을
바라볼 뿐이지

그리고 고요 속에

초점을 흐트러뜨리며 응시한다네

헛헛한 웃음 끝에 젖은 눈꼬리

또 너무나 오래 무표정한 너의

흙투성이 얼굴을

* 가스똥 바슐라르(Gaston Bachelard, 1884~1962), 『촛불의 美學(La flamme d'unechandelle)』(서울: 文藝出版社, 初版 1975, 改版6刷 1991; 譯者 李嘉林):

    불꽃은 혼자이고, 태어나면서부터 혼자이고, 또 그것은 혼자 머물러 있기를 원한다. 18세기 말엽 어떤 불꽃의 물리학자는 두 개의 촛불의 불꽃을 합치시키려고 헛되이 시도했었다. 그는 심지에 심지를 맞대어 촛불을 놓았던 것이다. 그러나 두 개의 고독한 불꽃은 다만 더 커지고 상승하는 일에만 취하여 합일되는 것 따위에는 전혀 관계하지 않고 각각 그 뾰죽함의 미묘함을 그 꼭대기에 지키면서 수직성의 에네르기를 유지했던 것이다.

    이 물리학자의 '실험' 속에서 볼 수 있는, 서로 힘을 합쳐 불태우려고 헛되이 노력하는 두 개의 정열적인 마음은 얼마나 불행한 상징인가!〈58쪽〉

空月空日

오백 원어치의 운수라네
샷된 심사가 덜렁거리네

커피 한 잔과 함께 쏟아진
동전 네 개. 아무래도
염치없이 끼어든 굵은 동전 하나

덜컥 즐거워
道不拾遺*란 갸륵한 말이
되우 무색해지네

번쩍이는 날빛 속에
그윽한 魔가 헤살 짓네
일천 빼기 삼백이 일천이백이라고

나른한 떨림
되알진 구토

금전과 금전이 부딪히네

주머니 속이 쩔꺽거리네

* 道不拾遺(도불습유): 노불습유(路不拾遺)와 같다. 나라가 잘 다스려지고 풍속이 아름다워 아무도 길에 떨어진 물건을 주워 가지 않음을 이르는 말이다. 중국 전국시대(戰國時代) 진나라 상앙(商鞅. 別稱 衛鞅·公孫鞅, BC 390?~338)의 엄격한 법치주의와 유관하다. 개인의 감정을 극도로 억압하는 각박한 법치의 결과이니, 이 경우라면, 기실 흔흔하거나 유쾌한 말은 못 된다. 표준국어대사전에서는 "길에 떨어진 물건을 주워 가지지 않는다는 뜻으로, 형벌이 준엄하여 백성이 법을 범하지 아니하거나 민심이 순후함을 비유하여 이르는 말.《한비자》의〈외저설좌상편(外儲說左上篇)〉에 나오는 말이다."로 풀었다. 유가(儒家)에서 이상으로 삼는 대동 세계(大同世界)에 관하여 설명한『禮記』에서 유래한 '야불폐문(夜不閉門)'·'야불폐호(夜不閉戶)'·'문불야관(門不夜關)'과 뜻은 통하나 그 바탕이 다르다. 계견불경(雞犬不驚), 국태민안(國泰民安) 등과도 통한다.

· 行之十年 秦民大說 道不拾遺 山無盜賊 家給人足 民勇於公戰 怯於私鬥(법령이 시행되고 10년이 되자 진나라 백성들은 크게 기뻐했다. 길 위의 물건을 줍지 않았고 산에는 도적이 없어졌고 집집마다 풍족해졌다. 백성들은 나라의 전쟁에는 용감했지만 사사로운 싸움은 겁을 내었다.)〈사마천(司馬遷. 字 子長. BC 145~86),『史記』(BC 109~91?) '商君列傳(상군열전)'〉

· 是故謀閉而不興 盜竊亂賊而不作 故外戶而不閉 是謂大同(이 때문에 간사한 꾀가 막혀서 일지 않았고 도적질과 난적이 일어나지 않았다. 그러므로 바깥문을 닫지 않았으니, 이를 '대동'이라 한다.)〈『禮記』'禮運篇(예운편)'〉

꽃이 지리라

꽃이 지리라
표정을 살피지 마라
네 생애가 꽃의 표정
꽃의 생애가 너의 표정

온몸으로 살지 않았느냐
몸이 마음의 노예 아니었느냐*
흩진 덤불에서 통곡하지 않았느냐
절망보다 무서운 게 희망 아니었느냐

네가 흩어지고
피고 지고 피고 지고
끝 간 데 없이
꽃이 또 지리라

* 도잠(陶潛. 字 元亮·淵明, 365~427)의 「歸去來辭(귀거래사)」(405)의 한 구(句)를 바꿔 씀:
    旣自以心爲形役(지금껏 내 마음은 몸의 부림을 받았거니)

시절가
— 구황작물에 관한 小考

이른 봄날 윗목 苗床에서 풍기는
오줌냄새 흙냄새 기억하지?
허기져 뛰어든 부엌 감감한 소두방을 제치면
확 끼치던 고매* 냄새 감자 냄새
기억하지? 목구멍에 꿀떡꿀떡 넘어가는 소리
조왕자리에 버텨 앉은 그 생감자의 닝닝한 맛
눈 내린 마당에 휙휙 던져 얼려 먹는 달달한 생고매 맛
알지? 가상현실이 아니라 오래된 미래야

기억이 가물거린다면 증강현실로 떠올려 봐
고매 育苗法이나 감자 재배법을 공부해
흙국에 종이떡** 말아먹는 경전을 접어. 시집을 치워
잡서 따위는 버려. 신문도 팽개쳐, 헛소리야. 아니
펼쳐서 밥상으로, 포개어 냄비 받침으로 쓰든지
세상에 씨고매나 씨감자가 보배야
언젠가는 지폐 초상화를 황소고집 조저나 이형재***
빈한한 유생 서경창이나 김창한***으로 바꿔야 할 거야

엄혹한 시절이 닥칠 거야

모종순을 밀어낸 씨고매 씨감자의
횅한 무게. 그 슬픔을 새겨
갓 캔 감자의 서너 달 동안의
깊은 휴면. 그 침묵을 공부해
헌신과 지혜를 배워. 도덕은 사람의 책에 없어
통찰과 靈感이 광신과 미신으로 전락하는 추악한 문법을
버려. 겉도는 관념을 버려. 조작된 미학을 지워
자연의 문법을 배워
땅에 충실해

— 밥 먹은께 좋다, 밥 먹은께 좋다. 수인씨 교인화식을 날로 두고서 생겼나, 밥 먹으니 좋다. 얼씨고나 좋을씨고, 만승 천자라도 식이 위대라 허였으니 밥이 아니면 살 수가 있나, 얼씨구나 좋구나.****

미구에 헐벗고 굶주리는 救荒의 때가
닥치리. 한 끼 후 다음 끼니가 기약 없으리
핏죽 풀때죽이 입에 달고 어쩌다 밥 한 그릇에
목이조차 메여리리. 속이 헛헛한 소증에 잡혀

얼어붙은 하늘의 새를 우러러 군침이 돌고
버려진 과실나무 열매가 황야의 만나로 보이리

안달재신 돌아치는 기진맥진 小商工아
거적문에 드난살이 날품 파는 細民들아
빚에 몰려 애면글면 골샅골샅 窮民들아
감자 먹고 뻿대기*****를 숭상할지니
고매 먹고 쫀디기*****를 추앙할지니
살아야 할지니

* 고매:
 1) '고매[고:매]' 또는 '고오매'는 '고구마'를 뜻하는 경남 사투리이다. 경남의 진주, 사천, 통영, 김해, 양산 및 전남의 구례, 광양, 여수 일대에서는 '고구매'도 쓴다. 대체로 남부경남 및 인접한 동부전남 일대이다. 그 외의 대부분의 경남 지역은 경북 지역과 마찬가지로 '고구마'를 쓴다. 다만, 주 분포 지역과 뚝 떨어진 경북 북단의 봉화(奉化)에 '고구매' 형태가 나타나는 점은 흥미롭다. 이를 복상하며 약화한 특정 어형의 잔존으로 본다면, '고구마>고구매>고우매>고매 · 고오매'가 아니라 '고구매>고우매>고매 · 고오매' 또는 '고구매>고구마'의 변화를 추정할 수 있는 근거가 된다. '고구마'보다 '고구매'가 앞선 어형이라는 얘기다.〈이익섭 · 전광현 · 이광호 · 이병근 · 최명옥 공저,『한국언어지도』(서울: 태학사, 2008); 참고〉

2) 문헌상에 나타나는 고구마의 옛말은 '감져'(19C) 및 '고금아'(19C)이다. 사투리 어형도 크게 두 계열로 나뉘는바, 중부 및 남부(제주·전남·충남 일부 제외)에는 '고구마'계가, 그리고 북부 지역에는 '감자'계가 분포한다. '고구마'계의 어형은 단순하나 '감자'계의 어형은 '일본감재·사탕감재'(함경), '디괴·디과·감지·양감재·왜감재·되감재·당감재·되감재'(평안), '호감자'(평안·황해), '감져·감자·무감자·무수감자·무시감자·지주감자'(충남), '감자'(충남·전남), '감재·진감자·무시감자'(전남), '감저·감제'(제주) 등으로 아주 다양하다. 이 가운데, '디과·디괴'는 고구마와 비슷한 작물을 칭하는 중국어 '地瓜'(豆薯)의 발음이 유입된 것이다. 다른 '감자'계의 어형들은 '단맛(甘味)이 나는 마(藷, 山藥)'라는 의미의 한자어 '감져'(甘藷)에서 비롯되었다. 이는 모두 고구마의 북방전래설과 유관하다.

북방 전래설은 19세기 초의 실학자 서경창(徐慶昌, 1758?~?)이 『種藷方(종저방)』(1813)에서 언급한바, "고구마의 전래 시기는 16세기 말인 선조 때부터 광해군 때까지로 추정되며, 1633년(인조 11) 비변사(備邊司)에서 고구마 보급에 노력하였다."라는 내용이 그 근거이다.〈김종덕,「고구마의 語源과 品性에 對한 文獻研究」(『한국고구마연구회』, '고구마 공부방!', 2012. 4. 1)[http://cafe.daum.net/kgoguma/ENsz/40]; 참고.〉

한편, 남방 전래설에 따르면 우리나라에 고구마가 처음 들어온 것은 보다 늦은 1763년(영조 39)이다. 일본에 통신정사(通信正使)로 갔던 조엄(趙曮, 別名 趙藷, 1719~1777)이 대마도에서 구황작물(救荒作物)로서 고구마를 도입, 동래 및 제주도에 심도록 했다. 당시 대마도에서는 고구마를 '효자가 심어 늙은 부모를 봉양한 뿌리작물'(孝行藷, 孝子藷)이라는 의미로 'こうこういも'(코코이모)라고 칭하였는데, 일본 언어학자 소창신평(小倉進平, 1882~1944)은 이 대마도의 사투리를 한국어 '고구마'의 어원라고 주장하였다. 조엄이 쓴 『海槎日記(해사일기)』(1764)의 영조 40년(1764) 6월 18일자에 "名曰甘藷 或云孝子麻 倭音古貴爲麻"라고 적힌바, 이 중 '古貴爲麻'(고귀위마)는 일본어 'こうこういも'의 음차(音借)이다.〈김무림,「'감자'와 '고구마'의 어원」(서울: 국립국어원, 『새국어생활』, 2009년 가을, 제19권 제3호); 참고.〉

3) 1900년대 초에 이르러 고구마는 그야말로 전국적인 작물이 되었다. 그러니

까 16세기 말 선조 때부터 고구마 도입이 시도되었다는 것을 상기하면 무려 3백여 년이 흐른 뒤이다. 1824년에서 1825년 사이에 관북에서 처음들여왔다고 기록되어 있는 감자가 얼마 지나지 않아 양주, 원주, 철원 등지로 퍼져 불과 수십 년 내에 전국적으로 재배되었던 것과는 크게 대비된다. 왜 그렇게 오래 걸렸을까?

고구마는 알다시피 탄수화물이 많다. 또 저장을 해놓으면 수분이 증발하면서 효소가 작용해 매우 달다. 때문에 구황작물(救荒作物)로 안성맞춤이었다. 그러나 15℃ 이하가 되면 성장을 멈추므로 평균 22℃의 온도가 유지되어야 하며, 일교차가 크고 물이 잘 스며드는 땅에서만 자라는 등 재배법이 까다로웠다. 고구마는 그래서 쉽게 전파되지 못했다. 그나마 뜻있는 양반들과 실학자들의 수백 년에 걸친 끊임없는 노력이 있었기에 고구마의 토착화가 이루어질 수 있었다.

특히 1813년 고구마의 재배법 등에 관한 여러 가지 학설을 종합한『種藷方(종저방)』을 저술, 이듬해 조정에서 전국에 배포하게 한 서경창(徐慶昌)과 같은 인물은 아무런 지위도 없었고 고구마를 재배할 땅조차 없는 빈한한 유생이었다. 정확한 생몰년도조차 문헌에 남아 있지 않다. 그러나 그는 실학을 연구하면서 백성들의 식량문제 해결을 위해 온 힘을 다했다. 고구마에는 이 땅의 가난한 백성들을 굶주림에서 구해내고자 했던 숱한 선인들의 땀과 눈물이 배어 있는 것이다.〈푸른솔, 「고구마 재배, 그 기나긴 역사를 찾아서」(『자연이 좋아』, '고구마', 2011. 12. 25) [http://blog.daum.net/csc9854/17347303]; 재인용 발췌〉

　　** 土羹紙餠(토갱지병): 흙으로 끓인 국, 종이로 빚은 떡.

　　· 서유구(楓石 徐有榘, 1764~1845), 『杏蒲志(행포지)』 '序文'(1825):

　　吾嘗治經藝之學矣 可言者 昔之人言之已盡 吾又再言之三言之 何益哉 吾嘗爲經世之學矣 處士揣摩之言 土羹焉已矣 紙餠焉已矣 工亦何益也(나는 예전에 경예학/경학을 공부했다. 그런데 말할 만한 것은 옛 사람들이 이미 모두 말해버렸으니, 내가 거기다 두 번 말하고 세 번 말해봐야 무슨 보탬이 되겠는가. 나는 예전에 경세학을 공부했다. 처사들이 이리저리 생각하여 한 말은 흙국이었고 종이떡이었다. 그런 노력이 또한 무슨 보탬이 되겠는가.)

　　*** 이형재(李亨在, 1786?~?): 함경도 무산(茂山)의 수령으로서 조정의 재배 금지령을 무릅쓰고 감자 재배 운동을 펼쳤다.

　　*** 김창한(金昌漢, 1813~1904):『圓藷譜(원저보)』(1862)를 저술하여 감자 재

배법을 널리 알렸다.
　**** 「흥보가」[소리/박봉술(靑雲 朴鳳述, 1922~1989)·북/김명환(一山 金命煥, 1913~1989)](『브리테니커 판소리』, 한국 브리테니커 회사·음반 제작 지구레코드, 서울, 초판 1982, 재판 1989) ① 이 대목의 장단: 잦은 중중몰이(8분의 12박자) ② 원주(原註): "수인씨(燧人氏) 교인화식(敎人火食)을" [중국 고대의 삼황의 한 사람인 수인씨가 불을 일으키는 법을 알아내어 사람에게 음식을 익혀 먹는 것을 가르친 일이] ③ 원주(原註): "만승(萬乘) 천자라도 식(食)이 위대(爲大)라"[큰 나라의 임금이라도 먹는 것이 가장 큰 일이라]
　***** 뺏대기, 쫀디기:
　1) '뺏대기'는 생고구마를 껍질째 얇게 썰어서 볕에 말린 것으로, 간식용의 절간고구마(切干──)를 일컫는다. 삶은 고구마를 썰어 말린 것은 이와 구별하여 '쫀디기'라 부르기도 한다. 처음에는 딱딱하나 입안에서 오래 굴리면 쫀득쫀득해진다. 자잘한 고구마를 삶아 통째로 말린 것은 '통뺏대기(통고매뺏대기)'이다. 뺏대기와 쫀디기는 농촌 아이들이 늦가을부터 이듬해 춘궁기까지 즐기는 주전부리였다.
　2) 뺏대기에 팥 따위를 섞어 걸쭉하게 쑨 죽이 '뺏대기죽'인데, 이는 시래기국밥이나 무국밥 등과 마찬가지로 양식이 턱없이 부족했던 시절에 주로 경남, 전남, 제주에서 만든 음식이다. 특히, 제주에서는 뺏대기 가루를 찹쌀가루와 섞어 '익반죽'──곡물 가루에 끓는 물을 쳐 가며 하는 반죽. 북한 문화어로는 '더운반죽', '온반죽'이다. 찬물로 하는 반죽은 '날반죽'이다──을 한 다음, 송편처럼 동글납작하게 '뺏대기떡'을 빚었다. 일명 '감제떡' 또는 '감제침떡'이라 불리는 이 떡은 제주의 향토음식으로서, 겨울철의 절식(節食, 간소하게 먹는 음식)으로 알려져 있다. 〈국립민속박물관 한국세시풍속사전; 참고〉

나보다 더 힘든 사람

내가 첩첩 어둠에 잠길 때
부신 햇볕 속에 숨는 사람

내가 우울한 그늘에 스밀 때
환한 날빛에 흩어지는 사람

서러운 노래가 느꺼워 내가 흐느낄 때
그 노래를 신명나게 부르는 사람

내가 통곡할 만한 자리를 찾아 두리번거릴 때
시퍼런 울음으로 꼿꼿이 서서
하늘에 사무치는 사람

굽도 젖도 할 수 없는
나보다 더 힘든 사람

포식자

미래는 과거로 기억되리
과거는 까마득한 미지에서 덧없이 다가오리
자랑찬 그대 이름은 포식자
髑髏 속에 길이 남으리

붉은 허공을 물어뜯는
풍화하지 않는 세월 속에 번뜩이는
슬픈 이빨

희망가

그때 우리나이로 서른일곱이었군
한 백 살쯤 된 심사로다가 늙었다고 얼추 끝났다고
생각했는데 어리고 지친 청춘이었어. 1994년 봄이니
그 사달은 기실 아이엠에프 탓이 아니야
하기 좋은 말이요 핑계거리일 뿐 배경과 전경은
엄연히 다른 거지. 각자 택한 전경 속에 제 깜냥껏
돌출하는 제 몫의 운명일 뿐이지
사업가 이전에 야무진 장사치가 돼야 했어
알지? 숫자놀음에 취해 제풀에 무너진 거야
세금계산서나 매출전표가 원고지로 보이곤 했으니
한심하기 짝이 없지. 참 딱한 인생이야
허우적거릴수록 깊어지는 유희의 구덩이
알지? 티미한 반동. 어이없는 역설. 자멸하는 奸計
신이 죽었다는 사실을 모르는 숲속의 성자*처럼
카스탈리엔에서 유리알 놀이 하는 크네히트**처럼
은행 계단에 쪼그린 마음은 자꾸 그쪽으로 내달리는데
숲속이나 카스탈리엔이나 難讀처럼 창백하긴 매일반이지
그 구덩이가 문득 묘혈처럼 안온해지는 순간
모든 게 멈춰버린 거야. 세상은 비걱거리며 굴러가는데

자디 잔 귀울림조차 없는 넓고 깊고 투명한 고요
종말이란 크든 작든 고요 속에 잠기지
아니, 스미듯 잠겼다가 풀풀 흩어져버리지
그래 뭔가 붙잡아야만 했어. 죄악이건 절망이건
고민 덩어리건 간에 뭔가 묵직한 세상의 닻이 필요했어
습관이 된 권태가 투명해지면 위험해
관성이란 무서운 거야. 관성에 잡혀 미끄러지는 영혼이
희화화하는 순간 모든 게 끝나는 거지
알지? 더러운 물 밑바닥에 박힌 묵직한 쇠갈고리
닻 주고 팽팽해지는 죄책감과 열패감
삶은 이유가 필요해. 중력에 반응하는 무게가 필요해
굽도 젖도 못해도 下不失이라고 그것도 구원이야
명세표. 고지서. 계약서. 차용증. 독촉장
여신거래약정서. 대부거래계약서. 채권양도통지서
채권추심수임사실통지서. 판결문. 출석요구서. 압류예고통지서들
되받은 당좌수표와 약속어음들. 낙인찍힌 가계수표들
방법이 있으니 연락주세요, 라고 또박또박 적힌 메모와
뜯기지 않은 채 빗물에 붇고 햇빛에 바랜 우편물들

환부불요 봉투에 달붙은 안내문과 수상쩍은 행운의 편지
싸잡아 뭉뚱그린 지 이십 년 하고도 오 년인데
이 묵직한 덩어리를 태울 만한 자리가 마땅찮아
활활 부활하듯 통곡할 만한 자리를 찾기란 더 어려워
뒷골목이 마땅찮고 공터가 수상쩍고 멀리 계곡조차 가당찮아
쪽을 못 펴고 띄엄띄엄 늑장을 뽑아 들고 어물어물
불우시지 남아로서 허송세월 하였으니***
長考 끝에 허, 결국은 낙향이로구나
마당귀 잡초를 썩 걷어내고 한뎃부엌을 잡아야겠구나
破門조차 싼 노릇이니 素饌 운운이 당할까마는
빚진 세월이 얼만데 헛불이야 지필 수 있나
대우는 김에 한뎃솥에 쏴아, 눈이 시린 계곡물 붓고
소는 못 잡더라도 닭 마리라도 삶아내야지
내뻗치는 벌불에 쪼그린 자세를 고치며
홧홧한 종이 불잉걸에 얼굴을 비추며
한 장 한 장 숫자놀음을 들추고 또 태워야지
남은 동무들을 불렀으니 와도 좋고 오지 않아도 좋고
거나하게 마시고 이 풍진세상 취해봐야지
그리고 서늘한 마루에 두 다리 벋고 누워

희망가 몇 소절 흥얼거리며

무사태평으로다가 한숨 자는 거야

그래 푹 자자, 깨거나 말거나

깨어나거나 말거나

* 니체(Friedrich Wilhelm Nietzsche, 1844~1900), 『차라투스트라는 이렇게 말했다(Also sprach Zarathustra)』(1883~85)[서울: 책세상, 초판 1쇄 2000, 개정 1판 2쇄 2003; 옮긴이 정동호]:

  홀로 남게 되자 차라투스트라는 마음속으로 말했다. '어찌 이런 일이 있을 수 있단 말인가! 저 늙은 성자는 숲속에 살고 있어서 신이 죽었다는 소문을 듣지 못했다는 말인가!'〈16쪽〉

** 헤르만 헤세(Hermann Karl Hesse, 1877~1962), 『유리알 유희(Das Glasperlenspiel)』(1943)[서울: 乙酉文化社, 初版 1961; 譯者 朴鍾緖]:

  그런데 저는 유희의 명수이지만, 우리 유희의 종말이 다가오는 것을 가로막거나 연장하는 것을 결코 저의(혹은 우리의) 임무라고는 생각치 않습니다. 아름다운 것, 가장 아름다운 것이라도 지상에서 역사가 되고, 한가지 현상으로 나타나게 되면, 이내 무상한 것이 되고 맙니다. 우리는 그 사실을 알고 슬퍼할 수는 있지만, 진정으로 바로잡아볼 생각은 없읍니다. 왜냐하면 그것은 고칠 수가 없는 것이기 때문입니다. 유리알 유희가 없어지게 되면, 카스탈리엔과 세계는 한 가지 손실을 당하게 되겠지만, 그렇다고 해서 이내 그것을 느끼지는 못

할 것입니다. 무엇보다 심한 위기에 당면하면 앞으로라도 구할 수 있는 것을 구하기 위해서 어디까지나 노력할 것입니다. 유리알 유희가 없는 카스탈리엔은 생각할 수 있지만, 진리를 숭상하지 않고, 정신에 성실치 못한 카스탈리엔은 생각할 수 없읍니다.〈305, 306쪽〉

*** 최재우(水雲 崔濟愚, 1824~1864),「龍潭歌(용담가); 전체 4절 72행)」(1860)[『龍潭遺詞』(1860~63); 최시형(海月 崔時亨, 1829~1898) 필사본, 1881]:

家運	가련하다 가련하다 이내가운 가련하다
出世後 得罪父母	나도또한 출세후로 득죄부모 아닐런가
不孝不孝 積世怨鬱	불효불효 못면하니 적세원울 아닐런가
不遇時之 男兒	불우시지 남아로서 허송세월 하였구나
遽然四十	인간만사 행하다가 거연사십 되었더라
無可奈	사십평생 이뿐인가 무가내라 할길없다
龜尾龍潭	구미용담 찾아오니 흐르나니 물소리요
左右山川	높으나니 산이로세 좌우산천 둘러보니
依舊 含情	산수는 의구하고 초목은 함정하니
不孝	불효한 이내마음 그아니 슬플소냐
烏鵲 嘲弄	오작은 날아들어 조롱을 하는듯고
松柏 淸節	송백은 울울하여 청절을 지켜내니
不孝 悲感悔心	불효한 이내마음 비감회심 절로난다
餘慶	가련하다 이내부친 여경인들 없을소냐

〈제2절 제10~23행; 現代譯〉

그 모과나무 아래

그곳에 쪼그리면
몸이 풀리지
붕 떠오른 몸이 부풀다가
눈 아래 들판으로 흩어지지

환삼덩굴에 갇힌 풀숲에
머위 잎이 빗방울을 키우고
커다래진 물방울이 번뜩이다가
제풀에 구르는 곳
떨어진 모과들이 고스란히 썩어가며
흠흠한 향기 피우는 곳

까맣게 잊었던 전화번호가 번쩍
떠오르는 곳. 망각 속에서
비닐종이 같은 얼굴이
낮게 쉰 목소리가
눈물에 섞여서 흐르는 곳

목이 잠긴 채 한동안

침묵했던 곳
행복이란 우연이며 순간임을
어렴풋이 깨달았던 곳

거기까지만 걷자
그곳에서 살아난 기억을
그곳에 가서 버리자
그러자. 더 오랜 망각 속에 빠지자
굳이 거기까지만 살자

다짐했던 곳
나무가 아닌
모과나무가 아닌
다른 모과나무가 아닌
바로 그 모과나무 아래

關關雎鳩*

雎鳩는 무슨 새냐?
關關은 어떤 소리냐?

내 젊은 날 사랑은
실패를 거듭했는데
사랑과 사랑이 겹칠 때
시퍼런 물결 위로 날아오르던 새?
사랑에 사랑이 지워질 때
빈 모래톱에 흩어지던 소리?

보살피지 못한 사랑
다스리지 못한 욕망
분수 모르고 분별없이 추렸는데
천년의 바람에 그을린 몸
긴 그림자를 끌며
마른 물가에 홀로 섰는데

關關이 무슨 소리냐?
雎鳩가 어떤 새냐?

* 『詩經』 '關雎章(관저장)'의 입구(入句):
  關關雎鳩 在河之洲(다정히 우는 물수리 강가 모래섬에 노니네)
  窈窕淑女 君子好逑(참하고 고운 아가씨 군자의 좋은 짝이라네)

천박하게 살아야지

천박하게 살아야지
오래는 말고 잠시, 비루하게
비겁한 꿈도 꾸며

뙤약볕 방죽에서
몸을 죽 일으키면
헝클어지는 쑥대머리

바람에 거치적거리다
죽죽 찢어지는
머위 이파리처럼

천박하게 살아야지
그리 자주는 말고, 그래
부박한 너스레도 떨며

갈라진 발바닥
부르튼 손등을 스치는
송충목 껍질처럼

갸륵한 것들 내치고
宵小輩와 작당하여
한바탕 값없이 굴어야지

때늦은 눈물 뒤에
터지는 하늘
먼지와 재의 깨달음

괜찮다, 괜찮다
바람소리뿐인 휘파람 불며
아등바등 살아야지

아홉 이랑 콩밭 갈며 꿀벌도 치며*

탈진한 두렁길에 주저앉아
땀 찬 호주머니를 쓸어보네
또랑 길섶에 쪼그려 앉아
흙투성이 얼굴을 쓸어내리네

오늘은 날품을 팔았으니 행운이지
오뉴월 땡볕이야 부라퀴지
하루치 날빛을 덤으로 부풀리며
산들바람이 귓가에 남실거리네

……아홉 이랑 콩밭 갈며 꿀벌도 치며

학창 시절 가락에 겨워
해맑게 흥얼거렸던 소리
생활과 생존의 어름이 감감해지며
고달픈 心骨을 치는 두려움

……아홉 이랑 콩밭 갈며 꿀벌도 치며

엇갈리며 귓가에 아른거리는 소리
혀끝에서 맴도는 그때 그 소리
그래그래 밤이나 낮이나 방죽길이나
서툰 발씨 우두커니 길가에서나

* 예이츠(William Butler Yeats, 1865~1939), 「이니스프리 호수섬(The Lake Isle of Innisfree)」(1888):
    Nine bean-rows will I have there, a hive for the honey-bee,
    And live alone in the bee-loud glade.

바람은 공기의 이동이다

부풋부풋 구름 위에서 툭 떨어진 느낌?
거치적거리는 풀덤불 속에서 튕겨난 느낌?
발밑이 되우 튼실하고 밝게 트인 눈앞인데
뭐랄까 그때 그 느낌은
안착하여 되레 두리번거리는
또렷해서 외려 가물거리는
그래, 너무 단순해서 고만 슬퍼지는

오십여 년 세월이 훌쩍 지난 지금도
눈앞인 양 삼삼한 그 느낌
그러니까 바람은 공기의 이동이라지
한숨도 노래도 다 오답이었어
일제고사 자연 문제 고것 하나만 틀렸어
그러니까 그때 그건 고민 끝에 당한 느낌?
형편없이 낮아지고 난감하게 드러나는 느낌?

하지만 이제 외로움과 쓸쓸함의 차이를 알아
온 우주가 돕는다는 말은 누구도 돕지 않는다는 뜻이지
이 나쎄로야 간절히 원하는 건 욕망일 뿐이야

念願은 버리고 願을 세워야지
생각만으로 달라지는 일은 없어
그래, 발밑이 되우 튼실하고 밝게 트인 눈앞인데
생각이 단순해야지 슬퍼할 일이 아니야

말이 길지만 이 말은 보태고 싶어—

더 혹독한 세월이 닥치리니
한숨짓지 말고 노래하지 마
바람은 한숨이 아니니
바람은 노래가 아니니

딴생각 뜬생각 다 버리고
부디 이 말을 마음에 새겨 둬
바람은 공기의 이동이다
바람은 공기의 이동이다

너를 만나기 전에

너는 변했어
너의 거처로 가는 길도 골목도
불빛도 표정과 목소리도 몸짓까지도 달라졌어
하긴 변하지 않는 건 없지
세상에 변하지 않는 게 변칙이지

익숙이 숙달로 또 달통으로 바뀐 탓인가?
미끄러져가는 관성인가? 관성을 받아 도리 없이
드러나는 秘義인가? 오랜 비밀의 덫인가?
감춰졌다가 너무 아름차
이제야 나타나는

시간의 흐름에 풍화하는 것들
뿌연 비말이 허공을 가득 채우고
또 어딘가로 불려가 낯선 형상을 만들지
우리는 그리 태어난 진흙 인형인지도 몰라
변화하는 것들을 좇아 바삐 나부대는

버거운 몸짓들. 떨리는 목소리와 난해한 표정들

불안스레 흔들리는 불빛이 넘치는 길거리
외따로 밀려나 앙버티는 숨찬 목소리들
그 틈에 야윈 몸을 떨며 서 있는
너를 만나기 전에 나를 이끄는

슬픈 그림자. 너의 그림자
너를 만나기 전에

밤안개

슬픈 기별에 부질없이 눈물이 흐르네
문을 나서니 눈앞이 뿌연 안개 속이라
세상의 뚜렷한 경계 내구름에 지워지고
사물들의 날 선 윤곽 문적문적 부스러지네
설움이 저미는 내 몸의 멀고 깊숙한 저쪽
한숨이 섞이는 그대 몸의 가찹고 야트막한 이쪽
오랜 귀울음인지 풀어지는 억억한 신음인지
낯선 내 울음을 뒤늦게야 알아차리네
자오록이 깔리는 생전의 웅숭깊은 목소리
돌아보니 한 생애가 허덕허덕 가팔랐는데
화사한 꽃 몇 송이 따위 어찌 빛나리
꺼렸던 그때 그 말 눈여기지 않았던 그 표정
불그레한 꽃빛 속에 혼불인 양 떠다니네
한 생애 서러운 밤안개 걷힐 때까지
산 자는 죽은 이의 손을 놓지 않으리
죽은 이는 산 자의 손을 놓지 않으리

길 떠난 양

기하학적인 조형과 형광 효과에 취해
잠시 잊었던 거야, 소득 일분위란 걸 말이야
그래, 저 신축 아파트엔 어림도 없지
버거워도 소득 삼사분위는 돼야 해
난 떠난 게 아니라 한껏 떠밀렸던 거야
떠밀리면서 왜 떠난다고 생각했을까?
왜 형편없이 딴 세상이라 여겼을까? 그게 자유일까?
혼돈의 어찔한 기운에 휩싸여 부랑하는 즐거움?
어떻든 결론은 아니지만 이미 결정됐던 거지
덧걸이나 뒤턱따기는 기술이지 속임수가 아냐
낯선 저 경계가 햇살 아래 섬뜩해지는군
그래, 계층이니 계급이니 다 말장난이지
자유로운 遊動의 뒤쪽에 도사린 거대한 손
보이지 않는 손을 느껴 뭐라 중얼거려
완강한 손에 잡혀 뭐라 중얼거려

길 떠난 양이지, 길 잃은 양이 아니라
어린 양이 아니라 크고 아름다운 양이지*
쌔고 쌘 게 길 잃은 양인데 그러면 누가 널 찾겠어

세상은 너처럼 큰 그릇을 품을 수 없어
세상은 너처럼 아름다운 사람에게는 걸맞지 않아**
그리 여기고 별빛 아래 가던 길을 가
생각만으로 달라질 게 아무것도 없지만
생각조차 없으면 누추한 세월을 어찌 견디겠어
그리 생각하고 달빛 아래 가던 길을 가
드높이 뜨거나 바닥에 깔려야 반짝이는 거야
그리 생각하고 내키는 대로 중얼거리기나 해
모든 길은 길과 이어지는 거야. 알지?
모든 길의 끄트머리는 하늘길과 잇닿는 거야. 알지?
그래, 그래. 응, 그래. 그렇지. 그니까 말이야
그래야지. 응, 그래그래……

---

* 도마 복음서(THE GOSPEL OF THOMAS) 107 : 1~3
** 돈 매클레인(Don Mclean), 「Vincent」(『American Pie』 1971):
This world was never meant for one as beautiful as you.

양귀비꽃
— 미륵대원지에서

굽이굽이 감돌다 돌아서는 어귀

멧짐승도 드나드는 목의 첫머리

하늘재 휘어드는 푸른 산모롱이

무너진 절터 돌미륵 天冠의 그늘

사느란 바람결에 홀로이 자진하는

붉디붉은 양귀비 저 허영한 꽃잎

삼십 년 묵은 밤톨

형식이 딱딱해지고
내용이 더 오그라졌다

오늘은 형식과 내용의 변증법
허무하고 맹랑한 미학 그 따위
먼지 더께 속에 썩 버려두고
세월에 삭아 문적문적한 붙임표도
팽팽한 기억에 던져두고

귀에 대고 흔들어보라
달각달각 곯은 채로 달각거린다
입에다 대고 불어보라
중얼중얼 옹골차게 중얼거린다
一臥 三十年 흔들고 또 불어라

애닲은* 이의 눈에 보이는
붉은 종소리

* 애닲다:
1) 주로 남부 지역에서, '애달프다'(마음이 안타깝거나 쓰라리다. 애처롭고 쓸

쏠하다)와 같은 뜻으로 쓰는 형용사이다. 경상 지역에서 '애닯고[애달꼬]', '애닯우이[애달부이]/애닯으이[애달브이](-으니)', '애닯아서[애달바서]', '애닯아[애달바]', '애닯운[애달분]/애닯은[애달븐](-은)', '애닯기[애달끼](-게)', '애닯지[애달찌]' 등으로 활용한다.

 2) 옛 사전에 '애닯다'는 '애달프다'의 동의어로(동아출판사 사서부, 『동아 새국어사전』, 1968, 수정17판; 초판; 1965) 또는 '애달프다'의 준말로(국어국문학회 편찬감수, 『새로나온 국어사전』, 民衆書館, 2001) 등재되어 있다. '애닯다'와 '애달프다'는 미세한 어감과 고졸(古拙)한 운치(韻致)의 차이는 있으나 의미상으로 상호 변별력이 없다. '섧다'(원통하고 슬프다)와 '슬프다'(원통한 일을 겪거나 불쌍한 일을 보고 마음이 아프고 괴롭다)의 관계와 대비된다. '애닯다' 및 '애달프다'의 문헌상 옛말은 '애돏다'이다. 애돏다(15~18C)>잇돏다(18~19C)>애달프다(20C)로 변했다. 두 말의 뿌리가 같다. '창자[腸]'를 뜻하는 '애'와 '안타깝거나 조마조마하여 마음이 몹시 조급해지다'를 뜻하는 '돏-'의 합성이다. 이에 반해, '섧다'의 옛말은 '섫다'이며 '슬프다'의 옛말은 '슳다'이다. 두 말의 뿌리가 다르다. 각각 섫다(15C)>섧다(?C), 슳다/슬프다(15C)>슬프다(16C)의 변화를 거쳤다.

 3) '애닯다'는 표준어 규정의 제3장 제1절 '고어' 제20항("사어(死語)가 되어 쓰이지 않게 된 단어는 고어로 처리하고, 현재 널리 사용되는 단어를 표준어로 삼는다.")에 따라 '애달프다'의 잘못, 비표준어로 규정되었다.〈표준어 규정: 문교부 고시 제88-2호, 1988. 1. 19; 시행 1989. 3. 1〉

 '애닯다'는 노래 등에는 '애닯다 어이하리' 식으로 쓰이고 있으나 고어(古語)의 잔재일 뿐 이 용언 역시 '애닯으니, 애닯아서, 애닯은(/애달운)' 등의 활용형이 실현되는 일이 없어 고어로 처리하고 '애달파서, 애달픈' 등의 활용형을 가진 '애달프다'를 표준어로 삼았다.

— 이응백·이익섭,「표준어 사정 원칙」
[『표준어 규정 해설(표준어 모음 제1집)』(서울: 국어연구소, 1988. 9. 31)]

2부

랑비에 결절*

문득 눈에 잡힌 랑비에
절로 입안을 구르는 랑비에
개념을 잃은 채 혀끝에 감도는
랑비에. 의미를 지운 채 響音에 공명하는
랑비에. 까마득 낯설어진 제 이름자를 살피듯
허공을 응시하는 랑·비·에
감감한 심연을 遊泳하다 징 솟아오르는
저 가벼이 살아나는
저기 저 미소 짓는
아, 그렇지. 랑·비·에·결·절!

너는 나의 슬픈 생물
나는 너의 아픈 생물
세월의 마디마디 건너뛰듯 도약하며
너는 나에게 슬픔을 주고
나는 너에게 아픔을 주었지
너는 사랑을 버렸지. 나는 흥분한
세포를 사랑해. 너의 세포를 나는
사랑해. 나의 세포를 하늘 높이 뿌려 줘

잠시라도 그렇게만 날고 싶어라
잠시라도 그렇게만 살고 싶어라

* 랑비에 결절(結節): node of Ranvier / Ranvier's node

밤에 도둑처럼*

숲에서 발자국을 찾는 일은 나의 일

하늘에 외줄 발자국 듬성듬성 찍혔네

은유는 발자국에서 비롯한 게 아니니

발자국이 잡힐 때 그 비유는 사라지리

그날은 그날을 잊은 이들에게 닥치리니

야음을 틈탄 구름처럼 밤에 도둑처럼

* 데살로니가전서(First Epistle to the Thessalonians) 5 : 1, 2

凋落

> Café Chair Révolutionist,
> 너희들의 손이 넘우도 히구나!*

부끄럽고 부끄럽구나
민둥산 햇귀에 움트는
저리 푸른 눈들……

다시 또 부끄럽구나
끝 간 데 없는 우듬지에서
꽃대로 잎대로 불끈거리다가
막무가내로 추락하는
혁명의 부자지들

* 김기진(八峰 金基鎭, 1903~1985), 「白手(백수)의 歎息(탄식)」(1924)

성에꽃

햇살이 튀는 강철 꽃 이파리들

이른 아침 금물결 玄覽에 부셔

잠시 설레다 불길 속에 스미네

봄은 고양이로다*

몸 녹이러 볕 좋이 든 터앝에 다가가다

늘어진 고양이 담벼락 너머로 달아나다

사무친 통증을 덮으며
온몸을 쪼아대는 햇살

머지않아 끝나리
봄날 촉각의 향연
곧 잠기리. 통증보다 더 깊은
海淵의 고요

* 이장희(古月 李章熙. 本名 樑熙, 1900~1929)의 「봄은 고양이로다」(1924)의 제목을 빌려 씀.

사랑의 定位

> 사랑이여 沈潛할지어다. 그 속에서
> 慾望을 걸러내리니*

한 사람을 사랑하는 것보다
인류를 사랑하는 게 쉽지
거울면이 두려운 이들은 알지
욕망은 사랑을 삼키고 검은 씨를 내뱉지

사람보다 개를 사랑하는 게 쉽지
개를 아끼며 사람을 혐오하는
그 지독한 효율성과 효과성에 대해
말간 물얼굴을 흩뜨리며 절감하지

소유와 점유의 상관성에 대해
요구와 욕구의 공통점에 대해
훼절과 굴절의 차이점에 대해
우연과 필연의 동시성에 대해

고독한 粒子의 파동에 대해
삿된 敵意와 붉은 이빨에 대해
미쳐 날뛰는 복사씨와 살구씨**에 대해
사랑의 끝을 치는 환멸에 대해

사람들은 사랑의 길목에서 달뜨지만
그곳은 돌이킬 수 없는 폐허의 입구
깊어 갈수록 적막한 막다른 길목
달달한 죽음이 싸한 박하향을 풍기지

* 김수영(金洙暎, 1921~1968)의 「사랑의 變奏曲(변주곡)」(1967)의 화두(話頭)를 바꿔 씀:
    慾望이여 입을 열어라 그 속에서
    사랑을 發見하겠다
** 같은 시, 제6연 제10~16행:
    복사씨가 사랑으로 만들어진 것이 아닌가 하고
    의심할 거다!
    복사씨와 살구씨가
    한번은 이렇게
    사랑에 미쳐 날뛸 날이 올 거다!
    그리고 그것은 아버지같은 잘못된 시간의
    그릇된 瞑想이 아닐 거다

零時

애동지도 갓 지난 하늘 서녘 하늘에
홍옥 빛 반달이 몸을 뉘었네

가지에 돋은 불씨 우듬지에 지핀 불꽃
바람줄기 수런대더니 금세 안 보이네

오석 빛 동녘 하늘은 금이 갔는데
파다거리던 별 몇 점 그예 글썽이네

자정도 너머 머나먼 하늘 언저리
애동지도 갓 지난 달이 외로운 달이

절망가

희망은 까치소리 같은 것

겨울나무 빈 가지 끝에서
까치는 까치소리를 내지만
까치소리는 까치 소리
까치 소리 흩은 쪽을
까치는 보지 않지

그러니 희망을 들이켜라
그러니 절망을 노래하라
희망을 들이키고 절망을 노래하라

하늘이 내게 가르치네

뒷길의 뒤안길로 접어드니
소란이 잦아져 고요하네
이만큼의 안온함은 죄 아니지

울짱의 틈새로 비쳐든 햇살이
시린 몸을 두르는 채찍 같네
요만큼의 따가움은 부끄럽지 않지

나는 나의 사오나온* 포식자
나는 나의 고달픈 피식자
먼 하늘이 커다란 뚜껑 같네

소리 없이 무너지는 법
흔적 없이 사라지는 법
빈 하늘이 내게 가르치네

* 사오납다: 형용사로서, '열등하다 · 모자라다 · 나쁘다'(15C), '비나 바람 등이 거칠다'(17C)의 뜻을 지닌 옛말이다. 사오납다(15~19C)>사납다(19C)로 변하였다. 현대국어 '사납다'의 기본의미인 '성질이나 행동이 모질고 억세다'는 어형이 바뀐 19C이후에 나타난다.

태평가

곡절한 사연
뉘 귀에 들리랴
비사리춤 손빗질하며
구구절절 눈물인데

휘지며 오르내리는 인생길
뉘라 딱히 펼치랴
끊기고 묻힌 인연 스치는 세월
쏜살같은데

풀꽃으로 피어난 사람
태평가 나직이 흥얼거리며
응당 풀꽃 한 송이로 지는
한 사람

코로나 블루

유기견 뜬 자리에 길고양이가 도사리네
엄동이 시절인연인데 움츠리지 않고 어이하리
궁색한 비둘기 구구구 떼로 내리는 공원 길 너머
때 아닌 붉가숭이들* 선별검사소 쪽으로 몰리네

한반도는 소한 지나 폭설에다 한파라네
북극 대륙 찬 공기 덩어리가 세력을 넓혀
한반도로 밀리는 북극진동 한파라나 어쩌라나
영하 20도로 날아드는 주의보가 덜컥 두렵네

코로나도 코로나지만 따박따박 방세나 제때 내고
모름지기 나잇살만큼 여윳돈이 있어야 노릇이지
선진국도 나름이지만 오다가다 언 몸이나 녹이게끔
공중화장실 난방기라도 훗훗해야 대한민국이지

어제는 풍문풍설에 숫자놀음이 참담했는데
오늘은 사북자리 윗가지가 제멋에 건들거리네
세밑 근심에 가도 오도 못하는 붉가숭이들 위로
와그르르 은빛 구슬 한바탕 쏟아지리

* 이정신(百悔齊 李廷藎, 1685~1737?), 「붉가버슨 아해(兒孩) ㅣ 들리」 초중장:
붉가버슨 아해(兒孩) ㅣ 들리 거믜줄 테를 들고 기천(開川)으로 왕래하며
붉가숭아 붉가숭아 져리 가면 죽느니라 이리 오면 스느니라 부로나니 붉가숭이로다

대설

눈 내리는 소리
새벽 창틈에 스미네

샛날*진 봄이 엊그제 같은데
어느새 엄동의 蝸室이라

기색 없이 들춰진 마음
붉은 못 자국을 매만지네

생기 도는 숫눈 이끄는 대로
멀리 낯선 땅에 가고파

어디 볕바른 자리에 노구솥 걸고
처음인 양 당신을 부르고파

사륵 사르륵 소리만
사륵 사르륵 소리만

---

* 샛날: '하늘에 구름이나 안개 따위가 낀 흐린 날', '비가 올 듯 구름이 끼고 쌀쌀한 날', '약간 낮은 기온에 비나 눈이 올 듯한 날'을 이르는 경남 사투리이다. 접사 '-지다'가 붙어 동사 '샛날지다'로 파생한다. '새-'는 '샛바람'(동풍)에서 온 말로 보인다. 샛날과 어우러지는 형용사는 '새꼬래하다', '새꼬롬하다', '새꼬리하다' 등이다. 진주 일부에서 '샛날'은 '새날' 즉 '다음날'(새로 밝아 오는 날 또는 새롭게 다가올 앞날)의 뜻으로도 쓰인다.

소통

짧게 휘어진 골목길을
리어카 하나 느릿느릿 굴러가네
낙낙한 종이 박스와 잡동사니 조금
쩔거덕쩔거덕 흔들리며 지나가네
태연자약한 세월이 지워버린 숨소리
청력이 약해지면 시력이 살아난다지
시력이 좋아지면 딴 세상이 보인다지
노파가 리어카를 끄는지 리어카가 노파를 미는지
그득 쌓인 먹을거리를 보는지 화면을 보는지
끄는지 미는지 보는지 마는지

길가 쪽 창유리에 비치는 저 화면
화면 속에 펼친 세상이 드넓고 우아해
짙은 눈썹에 흰 조각 얼굴이 플라스틱 같아
창유리 안팎조차 까마득 먼데
화면의 안팎이 자꾸만 겉돌아가네
눈이 부신 빛살에 노파가 보이는지 마는지
골목길을 슬며시 훑고 딴 세상으로 넘어가네
리어카는 일방통행로 따라 사라지고

땅에는 바퀴자국이 하늘엔 파동만이
남는지 마는지 보이는지 마는지

江雪1

긴 낚싯대를 드리운 채
세월을 추스르던 사내

滄浪조차 얼어붙은 시절인데
퍼붓는 눈발 너머로 사라졌나

빈 낚싯줄에 삭풍이 스치네
툭한 孤寂吟이 흩어지네

눈 그친 하늘에 도려낸 듯
삭풍 끝에 나타난 외줄 발자국

江雪2

저기 저 얼음 인형 뉘 만들었나

얼음장 자취눈에 외줄 발자국

서푼서푼 내 안으로 걸어드네

연가

하늘 끝이 알싸한 것은 세월 탓이 아니지
산등 넘어 강 건너 그 너머 넘고 넘어
날끝에 해 기울고 그림자만 돌아오네

이름자 낯설고 윤곽조차 흐린 것은 세월 탓이 아니지
질긴 그리움 어느 결에 사라졌네
푸르른 하늘이 거울면 같아

훗날 더 먼 훗날에
짧은 한숨 시린 殘影이 아니기를
그저 까닭 모를 눈물이기를
그래 눈물조차 말라서
짭짜름한 소금기
부디 남기를

가래여울

여울물 소리 멎고 댑바람이 잦아드네

등 푸른 고깃손에 서두르는 귀갓길

된장국내 풍기는 빈 밥상머리

터앝에 봉창 불빛 두르건만 그대는 여태 거기 섰네

그야 덮어야 할 꿈이라고
좋이 묻어야 할 덧이라고

사륵사륵 눈 내리는
땅 끝에 가래여울

박타령을 다시 읽다

그것은 사연이 아니며
그것은 사건이 아니며
그것은 逸話가 아니며

그것은 바싹 말라 우둘우둘
곤두선 밥알. 물기가 싹 걷힌 뼈다귀
달각거리는 소리가 몸을 울릴 때
말아놓은 주름이 절로 두르르 펼쳐지는
흠칫한 순간 ─ 불상흔홍보듹이부ᄌ의며나리로먼길거러보
앗난야어린ᄌ식업고안고울며불며쓴ᄅ갈졔아무리시장ᄒ나밥
쥴ᄉ람뉘잇스며밤이졈z깁허간들잠잘집이어듸잇나져무도록
쌧z굼고풀밧틔셔ᄌ고난이죽을박기슈가업셔*염치차z업셔가
닉이곳져곳비러먹어한달두달지닉가니발쌔당이짠z ᄒ여부룻
틀법아예업고낫ᄭ쥭이듯거워져북슈려움한나업닉일년이년넘
어가니비러먹난슈가터져…**

그것은 환유가 아니며
그것은 해학이 아니며
그것은 打슈이 아니며

* 죽을박기슈가업셔(죽을 밖에 수가 없어): '-을 밖에 수(가) 없다'는 '-을 수밖에 없다'의 예전 형태이다.

'죽을 밖에 수가 없어'보다는 '죽을 수밖에 없어'가 가락이 덜하여 마뜩찮으나 언중(言衆)의 혀가 어법에 앞서는 것이요 넓게 보아 자립명사 '수'나 '밖'의 영역이 여전히 튼실한 가운데 그 쓰임이 다양해지는 것이니 객쩍이 투덜거릴 일은 아니다.

　단언적으로 표현하기 망설여질 때 '-는 것 같다, -을 수 있다, -로 보인다' 등과 같이 고정된 표현으로 문장을 끝맺는 경우가 종종 있다. 이런 표현들은 명제 내용에 대한 판단을 완화하거나 유보할 때 쓰는 글쓰기 전략이다. 반대로 주장을 강화하는 전략으로는 '-을 수밖에 없다'를 사용한다.

　일상생활에서 많이 쓰이는 '-을 수밖에 없다'는 최근 100년이 흐르는 동안 특이한 형태 변화를 겪었다. '-을 수밖에 없다'는 19세기와 20세기 초까지만 해도 '-을 수밖에'의 순서가 뒤바뀐 '-을 밖에 수(가) 없다'로 쓰였다. 19세기의 열녀춘향수절가(完西溪書舖 84章本)에 "불가불 이벼리 될 박그 수 업다"와 독립신문 (1898. 2. 22)에 "다 줄 밧긔 슈가 업슨즉"처럼 '-을 밖에 수(가) 없다'가 사용된 예가 보인다. '-을 밖에 수(가) 없다'는 점차 쓰임이 줄기 시작해 1950년대 신문까지 간혹 보이나 그 이후에는 사용된 사례를 찾기 어렵다. '-을 밖에 수 없다'에서 줄어든 것으로 추정되는 종결어미 '-을밖에'가 현대국어에 잔존형으로 남아 있다.

　이런 변화의 이유는 무엇일까? 역사적으로 '밖'은 '에'와 결합하여 '밖이' 원래 가진 공간적 의미를 상실하고 추상적 의미인 '한정(限定)'을 나타내는 보조사로 변하게 되었다. 보조사로 변한 '밖에'는 관형형과 어울리지 않고 의존명사 '수'와 결합한 형태인 '-을 수밖에 없다'로 쓰임이 굳어져 정착된 것이다. 단어는 일반적으로 시간이 흐르면서 뜻이 확장되거나 축소되는 변화를 겪는데 일부는 조사나 어미와 같은 문법 기능을 담당하는 쪽으로 바뀌기도 한다. 언어 변화의 다변성을 보여줘 흥미롭다.

　　― 황용주(국립국어원 학예연구관), 「'-을 수밖에 없다' 표현의 정착」
　　　　('우리말 톺아보기', 한국일보 2022년 6월 24일자, 25면)

** 신재효(桐里 申在孝. 字 百源, 1812~1884), 「박타령」(星斗本)[校註譯者 姜漢永, 『申在孝 판소리 사설집(全)』, 韓國古典文學大系 第12卷, 民衆書館, 서울, 初版 1971; 330, 331쪽]:
　불쌍한 興甫宅이 富者의 며느리로 먼 길 걸어 보았겠나. 어린 子息 업고 안고

울며 불며 따라갈 제, 아무리 시장하나 밥 줄 사람 뉘 있으며, 밤이 漸漸 깊어 간들 잠잘 집이 어디 있나. 저물도록 빳빳이 굶고, 풀밭에서 자고 나니 죽을 밖에 수가 없어 廉恥가 次次 없어 가네. 이곳 저곳 빌어먹어 한두 달이 지나가니, 발바닥이 단단하여 부르틀 법 아예 없고, 낯가죽이 두꺼워서 부끄러움 하나 없네. 一年 二年 넘어가니 빌어먹기 수가 터져…〈現代譯〉

德沼三牌1

옹색하구나, 마음이여
때 없이 쌓인 말이 달각거리고
뜻은 종잡을 수가 없네

빛과 소리가 累가 되니
마음은 또 다른 外物인데
파다 만 우물에 황혼이 깃드네

바지랑대 조기 두름의 너머로
금빛 노오리가 되비치네
졸라 묶어 말리고픈
無常한 마음 꿰미

德沼三牌 2

마음 속 불길 그대론데
몸이야 나쎄에 잡혀가네
홀로 예서 무얼 하는 건지

한 발짝 밖이 道인데
이토록 되는 일 노상 없네
시간은 또 얼마나 남았는지

저 물길 조심조심 거슬러
與猶堂 기왓골에 앉을까나
저 물결 한번 후려치고
南冥으로나 갈까나

德沼三牌3

덧없다, 마음이여
물소리가 물소리에 잠기고
퍼붓는 햇살이 햇살에 휘감기네

淸貧과 赤貧이 다를 바 없고
恒産과 恒心 또한 그예 같으니
慾과 願의 경계조차 부질없네

해는 기울어 사위가 저뭇한데
저기 저 곡조 품은 오동나무* 아래로
투덕투덕 걸어가는
그림자 하나

---

* 신흠(象村 申欽 字 敬叔, 1566~1628), 「梅不賣香(매불매향)」 기승구(起承句):
 桐千年老恒藏曲(오동나무 천년을 묵어도 가락을 품어 있고)
 梅一生寒不賣香(매화는 일평생 간난해도 향기를 팔지 않네)

감응

새벽잠을 깨니
길갓방 한 칸이
공중누각과도 같네

문 틈새로 스미는 한기
붉은 얼룩 흰 그림자
빈 방에 또렷하네

청춘은 복달임과도 같아서
이문 없이 고단하고
명분 없이 들끓었네

꿈에 본 은빛 자전거를 타고서
와그르르 달리고 싶어
산지사처 발자국을 따라

저물녘 산모롱이에 울컥 서서
한 번 더 부르고 싶어
빈 이름자 매만지고 싶어

물먹은 손종 소리 귀에나 울릴는지
차르르르 은빛 바퀴살
되비치기나 할는지

小春

숫눈길이 두려운 것은
길 끝을 아주 모르는
그 때문이 아니라

눈꽃 떨어낸 나무들
햇귀에 뭐라 중얼거리며
산비탈을 내려오네

숫눈길이 외로운 것은
갈 데 없이 길 잃은
그 때문이 아니라

머뭇대던 고라니 한 마리
외줄 발자국을 찍으며
산모롱이로 달아나네

안개비

서산에 해 지고
갈 길이 먼데

길 끝에 잇닿는 하늘길
갈수록 아득하네

어제던가 내일이런가
귀에 서거운 새소리

막막한 일생이 펼쳐
은빛 하늘길인데

한 줌 움쌀 설움이나
남을는지 말는지

燒紙

뜨는 해 동녘에 뜨고
지는 해 서녘에 지네

하늘에 죄지으면
빌 곳조차 없다는데
죄는 죄대로 남고
하늘 뜻만 무쌍하네

동녘에서 지은 죄
서으로 지고
서녘에서 지은 죄
동으로 솟네

긴 한숨 짧은 눈물
재의 뉘우침

잠시 낯짝을 붉히며
덧없이 사그라지는
종이 불잉걸

사북

나무는 한 나무로되
사북자리가 하나뿐이랴

굵고 낮은 사북 그 위로
작은 사북 가느다란 사북

번치고 펼친 사북 그 위로
실오리 같은 잎가지 사북

사북에 사북이 지천이라
우러르고 아우르는 사람살이

눈 감으면 보이고
귀 닫으면 들리나니

먼 창공의 딱가운 빛줄기
먼 滄浪의 누거운 물소리

우수

잎샘 꽃샘 닥치기 전에 소망을 품어야지

폐색한 하늘이 트여 눈이 시리게 푸르른 날

얼락녹을락 덧물 지며 얼음장이 풀리는데

우수마발이나 끄적거리며 희망 없이 어찌 살까

혈기로 뚫었던 길을 혈기로 막았던 나날들

이제사 고민이 취미가 된 나부랭이 시인이지

그렁저렁 의지가지없는 설늙은이가 되었으니

왜냐고 묻지는 마 그저 우수가 다가오니

기러기떼 봄기운을 피해 북으로 달아나네

忠州過客有想

충주라면 옛 중원인데
오르내리는 길에 더러 들르는
속에 품은 可居地이기도 하이

달천 둑길을 거닐거나 柳酒幕을 찾거나
옻갓 금릉을 거쳐 옛 連原驛까지 더듬다 보면
굴풋하지만 시장기 탓은 아닌 듯도 하이

관아골 노거수 주변을 어슬렁거리며
낡고 꿋꿋한 물색이 정겨워 눈살피지만
시절인연이야 이천 년하고도 이십 년대라

플래카드에 찍힌 낯익은 이름자를 바라거나
계단참에 쪼그려 계명산 등성이를 쳐다보거니와
길게 보고 넓게 잡아 이 또한 무슨 뜻이랴

말고 펼치는 진화요 變德一路의 세상사라
한 지층의 요동이니 시끄럽기가 그지없어
불기에 졸아드는 자글자글 소리조차 성가시네

짜글이야 요량분수대로 졸아야만 제맛인데
숨죽이며 자글거리는 맛이 예사롭지 않아
사람살이의 知味란 매콤칼칼하기도 하이

이쪽저쪽 자리에 왁자한 세상사 귓등으로 듣고
늙수그레한 경론을 훔쳐들으니 때 아닌 홍복이라
얼큰달큰 취한 맛에 시절인연이 뜬구름 같아

구부구부야 새재 넘은 靑雲淸客이거나
안달재신으로 돌아치다 낙향하는
허, 어득어득 설늙은이 잡객이거나

艮時의 까치소리

햇귀의 까치소리 하늘 저편에 흩어지네

마음자리 걷어붙이고 워렁충창 달려가네

서리 잡힌 울음덩이 고개 꺾고 살피는 사이

해 뜨고 달 지고 눈 그치고 바람이 불어

풀매듭 맺고 푼 연분 몇 번쯤은 지나갔나

方位 없는 하늘 아래 여태 갈 길 희붐한데

그칠 때에 그치고 지울 곳에 지워야 하리

한밤중에 살아나 까악 깍 깍

艮時를 일깨우는 게냇골 까치소리

용담터널의 저편

해토머리 날빛은 이쪽저쪽이 다르지 않네
빈 잎가지에 붉은 어금니들 봄빛에 튀고
겨울난 얼굴들 효시경중하듯 매달렸네

햇살에 부푼 마음인데 산바람에 목이 시리네
芙蓉에 눈물 흘고 荷開에 한숨을 날렸으나
강파른 산기슭 나무들이 발걸음을 멈추었네

夢陽*의 바람기도 멋쩍은 생가에 갇혔으니
죄밑에 서러운 물줄기는 잦아들 일 없으리
고깝고 잗단 사람살이 이쪽저쪽이 일반이라

* 여운형(夢陽 呂運亨, 1886~1947)

샘터를 찾아서

샘터가 어디냐고 묻자 식당 아낙이 말이 없네

가잿골 길을 묻자 슈퍼 사내가 고개를 돌리네

허리 잘린 高德山이 목 언저리에 얹혀 스산한데

생각에 빠진 감응신호등이 하품하듯 껌벅거리네

샘터 찾는 굽잇길이야 이른 봄빛에 파다거리네

샘 바닥에 가만한 가재들 짙은 살빛 풀어냈으니

거친 물빛 호흡하며 石蟹找蟹*로다 죄 섞었으니

세월의 뚜껑에 덮인다손 원도 한도 더는 없으리

* 石蟹找蟹(석해조해): '找'는 '채울 조'자이다. '(부족함을)채우다', '보충하다', '(인물을)찾다'의 뜻을 지녔다. 중국어에서 '找[zhǎo]'는 '방문하다', '자초하다', '거슬러 주다' 등의 의미로 더 넓게 쓴다. 石蟹는 가재요 蟹(/蠏 · 蛥 · 蠏)는 게다. 새우를 이르는 鰕/蝦(하)와 구별한다.

빈손

살을 긁고 뼈를 친다*는 말
가물거리는 밤빛에 참혹하네
어김없이 날아드는 고지서
잊을 만하면 꽂히는 계고장

올곧잖은 삶이란
미리감치 몸이 아는지
乏盡한 기운에 풀어진 손
절로 반쯤은 오그리네

바람줄기가 손가락 틈새로 빠져나가네 사위가 헛거시
처럼 꺼지고 빈손만이 떠 있네 빈손에 허공이 가득하네
빈손은 서러워 빈손은 무거워 텅 빈 손이 말간 손바닥을
지우며 툭, 떨어지네

* 윤여형(尹汝衡, 고려후기/생몰년 미상), 「橡栗歌(상률가)」 제21~24구(句):
或罹水旱年不登(혹은 수한을 당하여 흉년이 든 때에는)
場圃年深草蕭索(해묵은 타작마당에 잡초만이 스산하네)
剝膚槌髓掃地空(살을 긁고 뼈를 쳐도 빈 땅만 쓸 뿐이니)
官家租稅奚由出(나라의 조세는 이제 어찌 내어야 할꼬)

또다시 봄날

거뭇거뭇 가지에 기침소리더니
꽃 사태 어룽어룽 몸살이 났네
햇살이 꽃가지를 헤적이더니
지는 꽃잎이야 한쪽으로만 쓸리네

그때 그 은빛 날짜들 어디갔냐고
꽃샘바람이 스치듯 다그치네
그 시절 그 순간에 왜 그다지 쏠렸냐고
제 속 짚어 남 말 하듯 넌지시 묻네

미처 은빛인 줄 몰랐다고
그 시절 그 순간이 다시 온대도
그저 그리 붉게만 쏠릴 거라고
그래서 봄볕 마냥 따사롭다고

낙화유수

두껍기로는 그 중에 낯짝인데
말간 표정 저 흰 손 봄빛에 뜨악하네
이른 바람에 손사래 치던 저 꽃잎
봄빛 받아 마음대로 몸태질이니

저 낯짝 도리 없이 내 낯짝일세
풍파에 玄覽조차 사뭇 흐려져
내 눈썹을 내가 아주 못 보느니
눈엣가시야 내 눈 속 들보로세

꽃잎에 앉아 한숨 잘까나
꽃잎 타고 바람에 날아 볼까나
올해는 짧은 봄날이 더 짧다니
滄浪에 가뭇없이 떠갈까나

南塘過客有想

새조개건 鳥蛤이건 그게 중요하지 않아
당산 숲에 웅크렸던 바람이 뒷등을 치고
멀리 안면도 쪽으로 숨차게 달아나네

몇 줄기쯤은 휘어져 看月島에 닿고
또 몇 줄기는 갈고리 부둣길에 걸려 찢기거나
갯둑에 갈씬하며 붉은 피를 철철 흘리지

검붉은 천수만은 온통 不仁天地라
암만 세월이야 너무 빠르거나 너무 느릴밖에
번개처럼 금이 가거나 가리사니 없이 늘어질 뿐

불임의 바다에서 감미로움은 환상이지
배밑을 치는 물소리 삐걱대는 어깃장 소리
공포와 권태의 어름을 긁어대는 성가신 환청

현물이건 실물이건 그게 중요하지 않아
내 호주머니 속 당신 손이야 따스하기 그지없어
만지작거리는 마음이야 건짜로 애낳이하듯 허둥대네

그러니까 귓등으로 흘린다손 치더라도 끼다리든 꾸다리든
미역귀든 藿耳든 간에 갯것들이 뭔 상관일까
　성찬 끝에 쌓인 그럴싸한 비유는 휑한 굴빽* 같고
　으수한 말본새는 귀울음이 갈앉기도 전에 군둥내**라

　되알진 마음이 짭짤한 게국지 맛에 스미네
　쪽접시에 남은 미역귀를 되작거리며
　삶은 것과 튀긴 것의 차이를 궁리하는데

　그예 대근한 부둣길 끝 등대불이 꺼지고
　뿌연 가로등 아래 당신 혼자 서 있네
　뿌연 가로등 아래 나 혼자 섰네

　* 굴빽: 굴의 껍데기. '빽'은 '버걱'에서 왔다. '버걱'은 '껍질' 또는 '껍데기'의 다른 말이다.
　** 군둥내 : '군내'의 전라, 충남 지역 사투리이다. 경남 전역 및 남부경북(대구 · 경주) 일대에도 '군내'와 함께 분포한다.

性穴
— 팔공산 관봉에서

천년을 풀어내어도 마르지 않는 悲心이니

시름 찬 눈길이 닿은 곳 지상의 돌덩이라

慾을 버리고 나면 무엇으로 願을 세우랴

미혹한 我相조차 까닭을 모를 흔적이라

철철이 無爲無事로 투박한 性穴 그뿐인데

天冠이 가렸으니 별자리가 어찌 보이랴

허투루 돌 쪼는 소리 빈 하늘에 메아리치네

안부에 답하다

해가 노루 꼬리만큼 길어져
이냥저냥 살 만하다고

갈 길이 애달플 만치 남아
그냥 쉬어갈 만하다고

남한강 휘진 데 잔설이 겹쳐
쩡쩡한 얼음장 소리
산등에 갈씬한데

흠칫, 고개를 돌리니
서산마루가 시큰하다고

얼음장 밑에 햇살이 스며
언 눈물이 핑 돈다고

홍시

꽃받침이 꼭지가 되어
꽃받침이 꼭지가 되어

꼭지는 물러
꼭지는 물러

튼 고사리 손으로 감꽃 줍던 내 동무
늙은 감나밑*에서 만나네

함초롬한 새벽 이슬받이
감 이파리에 몸져누운
살짝 으깨어진
홍시 한 알

* 감나밑: '감 낭개의 밑' 곧 '감나무의 밑'을 뜻한다.
  1) '감나밑'은 '정지나밑', '그늘나밑' 따위처럼 자연스레 입에 익은 말이므로, 축약어(縮約語, 줄임말) 중 '줄어든 말'ㅡ표준국어대사전에서는 축약어(縮約語) 즉 줄임말을 '준말', '약어(略語. 줄여 이르는 말)', '줄어든 말'로 구분한다ㅡ이다. 서부경남 지역에 나타나는 표현으로서, 익은 말을 휴지(休止) 없이 한 단어로 부리는 효율성이 흥미롭다.

2) '정지나밑'은 '정지(정자) 낭개의 밑' 즉 '정지나무(정자나무)의 밑'을 이르는 말이다. '정지(정자)'와 '낭개'와 '밑'이 합성했다. '그늘나밑'은 '그늘 낭개의 밑' 즉 '그늘나무의 밑'을 이르는 말이다. '그늘'과 '낭개(나무)'와 '밑'이 합성했다. 모두 '줄어든 말'이다.
  '낭개'는 '나무'의 옛말 '낡(/남ㄱ)'의 잔존형으로서 경남 지역에서는 원뜻 그대로 '나무'의 의미로 쓰인다. 또한, '나무'에 이어질 때는 '나무 낭개'에서처럼 그 나무의 '가지'라는 뜻으로도 사용되는바, 뿌리가 같은 동계어 '나무'의 세력에 밀려 '나뭇가지'라는 새로운 의미로 바뀐 것이다. 이는 '낭개'의 생존을 위한 변신이자 잔존형으로서의 뒷모습이다.

그늘숲

쓸쓸함이 그늘숲으로 변하기까지

처연함이 그늘숲으로 변하기까지

치쉬고 내리쉰 한숨이 얼마나 될까

방죽길 미루나무는 괴롭게 휘어지는데

높푸른 하늘 저 구름 미동조차 없네

지상의 나뭇가지들 가만히 바라보니

잔가지는 좌우로 산들거리고

굵은 가지는 위아래로 건들거리네

잎가지 끝엣것들 평지풍파에 내몰리고

안쪽 이파리들은 기척이 없네

모진 세월이 아로새긴 채받이 얼룩

저기 그늘숲 속 그지없이 붉은 얼룩

딱하다

햇살이 궁금하여
나가 보았다

햇볕에 바짝 말라
썩지 않은 굴비들

빛의 훼절에 가려진
파멸의 粒子들

열띤 혓바늘 言辭가
몹시 딱하다

離騷*

헬리콥터가 지나간다
요란한 하늘에 그림자가
스친다

일취지몽의 시간
숨이 멈춘 순간의
깊은 응시

번쩍이는 강철 隊伍
그림자 앞세우고 오롯이
묶여가는 청춘들

쩡쩡한 햇살에 녹아내리는
긴 행렬 속에
낯익은 얼굴들

보인다 안 보인다
보인다. 풍파에 자맥질하는
한 세대의 항변들

* 離騷(이소): 고유명사로서,『楚辭』에 실린 굴원(屈原. 兒名 平, BC 343?~278?;
楚國)의 작품명이다. 또한 반고(班固. 字 孟堅, 32~92; 後漢)가 「離騷贊序(이소찬

서)」에 적기를 "離 遭也 騷 憂也"라 하였으니 '근심을 만나다'는 의미의 보통명사가 된다. 한편 김만중(西浦 金萬重. 字 重叔, 1637~1692)이 『西浦漫筆(서포만필)』(1687?)에서 "松江關東別曲 前後思美人歌 乃我東之離騷"라 한바, 시문(詩文)에 한하여 '백미(白眉)', '천뢰(天籟)'의 뜻도 지녔다.

오월

찔레꽃 피는데
새는 왜 우나

허공에 뜯기는 저 소리
차마 못 듣겠네

풍문풍문이 괴롭게 겹쳐
눈 감고 입 닫았건만

돌이켜 보니 푸르른 산등
갸륵한 고갯길

구부구부 가물거리며
고까운 날짜를 구슬리네

찔레꽃 피는데
새는 왜 우나

다람쥐처럼

　　빈지문 열린 점방에 들러 옛날건빵 크림빵 롤빵 한 봉지씩 사고 싶어 아이들이 사라진 수상쩍은 골목을 지나 하얀설탕 천일염가는소금도 사고 싼 맛소금도 사고 싶어 비싼 감칠맛미원도 중력밀가루도 사고 싶어 손종 소리가 안 들리는 부락스런 길을 건너 차박이 행상꾼에게 밀감이나 사과 몇 개 굵다란 무 한 뿌리 양파 몇 알을 사서 느긋이 쌓고 싶어 다람쥐처럼 그래 다람쥐 밤톨 쟁이듯 컵라면이나 컵우동 몇 개도 좋이 포개고 싶어 알뜨랑비누 2080치약 슈퍼타이도 다람쥐 굴에 도토리 쟁이듯 가끔씩은 양초와 철수세미도 사고 버드나무가 없는 휑뎅그렁한 한길을 타고 망치도 사고 칼도 사고

　그러면 며칠쯤 단잠을 잘 수 있으리
　욕망을 욕망하는 슬밋한 기분은 이런 걸까
　요구와 욕구의 경계는 살죽는 길어름*일까
　죽사릿 인연도 아릿아릿 헛검** 같은데
　희붐한 문짝에 또 하루치의 날빛이 아려오네

　길갓방 머리맡에 더러는 지저귀는 새소리
　다람쥐 울음소리가 비를 부른다는데

다람쥐는 겨울잠을 잔다는데
다리가 또 짧아지고
앞니가 번쩍이네

* 김소월(金素月. 本名 廷湜, 1902~1934), 「생(生)과 돈과 사(死)」(1934)[『素月詩抄』, 博文文庫 8, 博文出版社, 서울, 初版 1939, 再版 1946?; 金億 選)] 제3절 제1, 2연:
　　살아서 그만인가, 죽으면 그뿐인가,
　　살죽는 길어름에 잊음바다 건넜든가,
　　그렇다고 하고라도 살아서만이라면 아닌줄로 압니다.
　　살아서 못죽는가, 죽었다는 못사는가,
　　아무리 살지락도 알지못한 이세상을,
　　죽었다 살지락도 또 모를줄로 압니다.
** 헛검: '헛것'(기가 허하여 착각이 일어나, 없는데 있는 것처럼, 또는 다른 것처럼 보이는 물체. 허깨비)을 뜻하는 경남 사투리이다. 소지역별로 '헛거무[허꺼무]'(김해·의령·진주·창녕·하동·함안·합천), '허신'(고성), '허채비·허칭이'(동래), '헐것이'[헐꺼시](합천), '헛것물'(김해·밀양), '헷거무'(창원) 등의 이형태가 나타난다.

오월이 가네

오월이 가네
쥐똥나무 새 잎가지가
눈꼽만 한 꽃송이를 버리네

누거운 땅을 두어 번
희게 튕긴 꽃송이들
꽃부리를 닫은 채 가만하네

나는야 세상에 금이 간 아들
나는야 어룽더룽 얼룩이 진 딸

저기 저 무등산 푸른 산등
선소리 타령조로
넘어야 가네

빈혈

내 어린 날에
구름은 꽃 바위는 뿌리, 라는
木月*의 말이 세상에 아름찼는데

문득 하늘을 보니
찬바람머리 밭은 한숨들
날빛 속에 가득하네

내 젊은 날에
물고기떼 연잎 동쪽에서 노닌다**, 라는
王維의 말이 세상에 궁금했는데

문득 되새겨 보니
꽉 찬 두개골 속 여울지는 우렁잇속
연잎 사이로 갸웃거리네

이제 木月보다 王維보다 더한 나쎄에
바람이 구름을 西으로 밀고
물줄기가 바위를 東으로 치네

하늘과 땅의 사이에 성글어진 날빛 속에

회오리치다 붉게 주저앉는

저기 저 바람머리

* 박목월(朴木月. 本名 泳鍾. 1915~1978)
** 왕유(王維. 字 摩詰, 699~759), 「納涼(납량)」 제5, 6연(聯):
  漱流復濯足(흐르는 물에 양치하고 발도 씻으며)
  前對釣魚翁(눈앞에 고기 낚는 노인을 바라보네)
  貪餌凡幾許(낚싯밥 탐하는 물고기 얼마나 되나)
  徒思蓮葉東(떼를 지어 연잎 동쪽만 생각하느니)

숲

숲을 거친 바람이
땅에 스미네

기진한 잔바람이 떨군
산 숲 비탈 언저리
붉은 이빨들

ー숲에 든 자 두 번 다시
숲을 보지 못하리

여름비

여름비에 깨지 않으면
여름비에 어찌 젖으리
누거운 땅에 밤빛이 내리고
되비치는 마음이 떠도네

한바탕 꿈자리를 돌이켜보니
서툰 발씨에 강파른 고갯길
허위허위 오르내리는 얼치기 인생길
빤한 예감을 뭉개며 달리는 벼랑길
돌아올 길 부수는 어깃장조차 후련했건만

이제는 애먼 세월 가락에 잡혀
근심에 밭은 날짜를 느루 잡네
발끝을 치던 돌부리 뒤늦게 눈살피며
혼전만전 빗속에 흥얼거리나니
밤공기에 살아나는 한바탕 꿈자리

새벽빛에 사무칠 동녘이 어느 쪽인가
저긴가 여긴가 밤을 치는

놋날* 같은 비

---

* 놋날: '노(노끈)+ㅅ+날[經]' 형태의 합성어이다. 돗자리 따위를 엮을 때 날로 쓰는 노끈을 말한다. '놋날(을) 드리듯'·'노드리듯' 및 '놋날 같다' 따위의 관용어를 낳았다. '놋날'은 또한 '놋(놋쇠)+날[刃]'의 뜻을 중의(重義)하므로 예리한 금속성의 이미지를 보탠다.

· 논둑에 무릎을 대고 엎드려 낫질을 하는데 / 지게는 저만치 멀고 / 비는 놋날 같다.(권석창,「여물 썹는 소」)
· 놋날 같은 봄 햇볕 쏟아져 내려 / 六韜三略으로 / 그 담장 반나마 헐어,(서정주,「봄볕」)

구름 위에 지새는달처럼

아, 뜻대로 되는 일이 없구나

사오나온 마음이 천둥 번개를 부르고
해진 목숨을 엿보네

구름 위에 지새는달처럼
둥실 떠 있고 싶네

한삼덤불

여름날에 한삼덤불은
속을 쉬 내보이지 않지
날 세운 잎으로 빛을 가리고
시름 섞인 한숨만 삼킬 뿐
곡진한 변명조차 닫아버리지

한삼덤불을 응시하노라면
요사스런 간언처럼 새어나오는
가끔 독설처럼 번뜩이는 눈빛
흠칫 잔허리를 고치며 어우러지는
고독한 교감

오밤중에 그 앞에 쪼그리면
밖을 두고 스르르 말리는 內省의 손길
어린 날의 허겁 같은 덩굴손
그러나 환삼덩굴은 때를 알아 나고
또 시드는 한해살이일 뿐

흔적 없이 추운 날에 깨달으리

어둡고 음습하고 옹색한 그 속이
投影이라고 너의 안이라고
그래 모든 한숨과 뉘우침은
파리한 예감의 뒤태라고

회전 날개뼈

오십견도 지나 해진 뼈

웅크려 침잠하는 날짜들

젊은 날 음악소리를 내었던 회전 날개뼈

붉나무 뿌리와 人骨에 엉기어

아침 황톳빛에 눈부시네

Cavatina*

안녕. 널 찾을 수 없어
이제 널 만나러 갈 수가 없어
네 그림자 참 오래 품었나 봐
네 얼룩들 너무 오래 지녔나 봐
널 만나는 순간 태양이 빛나겠지
눈부신 얼굴 환한 웃음 낭랑한 그 목소리
그래, 아픈 그림자 햇살 속에 스미겠지
눈물 얼룩들 지워지겠지
나는 그게 두려워
그걸 버릴 수 없어
가까이 갈수록 외로워지는 일 그만하려고
그니까 미안해지는 일 그만두려고
나는 널 사랑하지 않는가 봐
느루 재던 그림자 눈물 얼룩들
나는 너의 기억을 사랑하나 봐
그럼 이만. 안녕

* Stanley Myers(1930~1993), 'Cavatina(Theme from The Deer Hunter)' (1978)

| 해설 |

성찰과 응시의 미학

홍일표(시인)

　오늘날 시의 종류는 다양하다. 새로운 감각으로 무장한 젊은 시도 있고, 리얼리즘의 시, 전통 서정의 시, 대중들이 쉽게 다가갈 수 있는 시들은 모두 각자의 영역에서 노래한다. 서로 경향이 다른 시들은 좋고 나쁨으로 가치 판단을 할 수 없고, 다만 '다름'을 통해 빛을 발한다. 독자 역시 개인의 기호와 성향에 따라 즐기는 시가 모두 다르다. 시는 이러해야 한다거나 혹은 저러해야 한다는 당위적 규정으로 시를 구속할 수 없다. 시는 어떠한 틀에도 갇히지 않고 경계 없이 자유롭게 살아 율동하는 장르다.
　수많은 차이를 제거하고 동일성의 개념으로 묶어버리면 현대시는 몇 개의 대표적 유형으로만 한정된다. 그러나 차이를 간과하지 않으면 시는 다채로운 언어의 향연을 펼쳐 보여준다. 고유한 개성을 확보하고 있는 정용암은 젊은 세대의 시인들과는 다른 정서, 다른 화법으로 노래한다. 유년기의 농촌 생활에서 체득한 정서를 바탕으로 형성된 시세계가 그의 작품의 변별적 특성이다. 정용암의 시는 고전적 상상력을 통해 현실의 여러 양상을 성찰하면서 자신의 고유한 지점을 구축하고, 남과 다른 발성법을 통해 시의 꽃을 피운다.

시를 쓴다는 것은 자신을 외부로 흘리는 것이고, 언어가 뚫은 구멍을 통해 시적 주체는 외부와 이어지게 된다. 그리하여 안팎이 하나로 이어지면서 파동을 이루고, 시의 정서는 독자의 가슴으로 전달이 된다. 이쯤에서 정용암의 시는 어떤 방식, 어떤 경로를 통해 독자를 만나는지 보도록 하자

바람조차 멎은 한낮이건만
가시나무 훌쩍한 산울의 너머
신들메 푸는 사내가 보이네

비탈에 잡힌 쑥부쟁이 몸을 숙이고
자디 잔 나비 몇이 적막에 젖어
잦바듬한 날개들 애써 가누네

가시나무 산울에 목책 두른 그 너머
휘지며 굽지며 또 너머로 사라지는
물매 뜬 저 아름다운 비탈 풀밭

바람조차 멎은 한낮이건만
흰 찔레꽃 눈부신 꿈의 능선
맨발로 거니는 사내가 보이네

― 「인공 언덕」 전문

정형적인 시의 리듬을 따라가다 보면 "맨발로 거니는 사내"를 만나게 된다. 객관화 된 대상을 관조적 시선으로 바라보고, 시의 긴장도를 놓치지 않는 「인공 언덕」은 시적 주체의 자화상 같은 작품이다. 흐트러지지 않고 잘 정련되어 단아한 형식미를 갖춘 완성도 높은 작품이라고 할 수 있다. 안정감 있는 시의 보법을 보여주는 「인공 언덕」은 "적막에 젖어/잦바듬한 날개들애써 가누"고 있는 나비의 이미지와 마지막 연의 "맨발로 거니는 사내"의 이미지가 서로 감응하면서 시적 효과가 증폭된다.

시적 주체와 자연이 하나가 되어 "흰 찔레꽃 눈부신 꿈의 능선"에 서 있는 모습은 미완의 상황일 수 있다. 화자는 삶의 이상적 공간, 조화로운 현실을 꿈꾸고 있다. 비록 현실은 이상과는 괴리된 모습을 보일지라도 화자는 현실을 포월하여 "꿈의 능선"에 머물고자 하는 존재론적 욕망을 현시한다.

정용암의 시를 계속 따라가보자.

> 살붙이 피붙이 떠나고
> 어느덧 뒤란에 나 혼자 섰네
> 쑥부쟁이 대쑥 덤불이 자랄 대로 자라
> 눈앞이 가득한 근심인데
> 분꽃 한 송이 보일 듯 말 듯
> 빗줄기에 가려져 안 보이네
> 빗방울 몇 달붙어 눈가가 스멀거리네
> 잊힌 이름자 맴도는 마른 혀끝이 아릿거리네
> 추스르지 못한 삶 달라질 바 없으니
> 마음결 가누던 金言조차 흐트러져
> 세상에 반짝이던 詩句는 빛을 잃었네

> 빗방울을 튀기며 바람이 불고
> 부질없는 생각 너머로 쏠리는 뿌연 내구름
> 내 날이 여기까진가 언제까진가
> 분꽃 이파리에 달붙은 빗방울 툭, 떨어지네
> 어느새 살붙이 피붙이 다 떠나고
> 추적추적 오늘은 비가 내리고
> ─「추적추적 비가 내리고」 전문

 시는 패배하면서 승리한다. 생의 어느 지점에서 별이 되고 보석이 되는 시는 얼핏 눈물과 좌절의 기록인 듯 보이지만 그것은 하나의 외피다. 보는 이의 눈이 어디를 향해 있는가에 따라 여러 가지 색깔로 분광하여 나타나는 것이 시라는 생명체다.
 이 작품에서 시적 주체는 "어느덧 뒤란에 나 혼자 섰네"라고 고백한다. 이 시에서도 삶의 어떤 마지막을 예감하게 한다. 피붙이가 다 떠나고, 추적추적 비가 내리는 서글픈 삶의 풍경이 고스란히 담겨 있다. 근심 가득한 상황에서 시적 주체는 자신의 삶을 돌아보고 쓸쓸한 감회에 젖는다. 눈앞의 현실을 외면하지 않고 정직하게 읽어내는 화자의 시선은 상심과 비애의 너머를 바라본다. 얼핏 상황에 침잠한 듯 보이지만 화자는 성찰과 관조를 통해 다시 삶을 이어간다. 시의 정조는 낮고 우수에 젖어 있으며, "빗방울 툭, 떨어지는"에서 비극적 정황을 제시하여 미학적 결실을 완성한다. 이번 시집에서 자주 목격하게 되는 '혼자' '빈 방' '한기' 등의 시어에 담긴 시적 주체의 정서는 쓸쓸함, 고적감 등의 분위기와 이어지면서 시적 울림을 형성한다. 자칫 감상에 함몰될 수 있는 상황을 제어하면서 시의 긴장도를 놓치지 않는다. 이 작품뿐만 아니라 다른 몇몇 작품에서도 세계의 불모

성과 개인적 삶에 대한 회한 등이 자주 등장한다. 존재론적 고독이 심층적 사유를 통해 객관적상관물로 드러날 때 그의 시는 더욱 빛이 난다.

>   덧없다, 마음이여
>   물소리가 물소리에 잠기고
>   퍼붓는 햇살이 햇살에 휘감기네
>
>   清貧과 赤貧이 다를 바 없고
>   恒産과 恒心 또한 그예 같으니
>   慾과 願의 경계조차 부질없네
>
>   해는 기울어 사위가 저뭇한데
>   저기 저 곡조 품은 오동나무* 아래로
>   투덕투덕 걸어가는
>   그림자 하나
>
>   -「德沼三牌3」 전문

시적 화자의 모습이 보다 명료하게 드러난 작품이다. 전통적 정서와 고전적 화법을 바탕으로 한 이 시는 객관화 한 대상을 통해 심미적 진경을 나타낸다. 주관적 정서에 함몰되지 않고 일정한 정서적 거리 유지를 하여 시의 완성도를 높인다. 이처럼 존재에 대한 화자의 시선은 늘 자신에 대한 성찰과 응시로 이어진다. 모든 서정시가 그렇듯「德沼三牌3」또한 시적 주체가 곧 시적 언표의 내용과 크게 다르지 않음을 확인할 수 있다. "투덕투덕 걸어가는/그림자 하나"에 시의 중요한 메타포가

담겨 있다. 「江雪1」에서도 동일한 의미를 함축하고 있는 "삭풍 끝에 나타난 외줄 발자국"을 발견할 수 있다. "滄浪조차 얼어붙은 시절"을 살고 있는 화자는 삶을 돌아보면서 존재의 자취를 읽는다. 시적 지향점이 유사한 두 작품뿐만 아니라 다른 작품에서도 산견되는 정용암 시의 특징이다. 세계의 불모성을 미학적 언술로 드러내면서 존재의 심연을 들여다보는 화자의 시선은 깊고 따듯하다. 시인은 일상의 언어로는 포착되지 않는 세계와 존재의 이면을 시의 언어로 섬세하게 표현하고 있다.

    골안개 걷히니
    초록빛 눈물 나네
    무덤가에 짙푸른 망개풀
    거칠한 손바닥을 내밀었네

    — 애야, 한 모금 하렴.
    기운을 내어보렴.

    허덕허덕 오른 산길 끄트머리
    가랑가랑 이슬 담은
    울 할머니
    오그랑손

                                     -「망개풀」전문

    탈진한 두렁길에 주저앉아
    땀 찬 호주머니를 쓸어보네
    또랑 길섶에 쪼그려 앉아

흙투성이 얼굴을 쓸어내리네

오늘은 날품을 팔았으니 행운이지
오뉴월 땡볕이야 부라퀴지
하루치 날빛을 덤으로 부풀리며
산들바람이 귓가에 남실거리네

……아홉 이랑 콩밭 갈며 꿀벌도 치며

학창 시절 가락에 겨워
해맑게 흥얼거렸던 소리
생활과 생존의 어름이 감감해지며
고달픈 *心骨*을 치는 두려움

……아홉 이랑 콩밭 갈며 꿀벌도 치며

엇갈리며 귓가에 아른거리는 소리
혀끝에서 맴도는 그때 그 소리
그래그래 밤이나 낮이나 방죽길이나
서툰 발씨 우두커니 길가에서나
　　　　－「아홉 이랑 콩밭 갈며 꿀벌도 치며」전문

　두 편의 시에서 하나의 심장이 뛰고 있다. 작품 속에 내재된 시의 혈맥은 유년기에 농촌에서 경험한 자연에 닿아 있다. 두 편의 시에서 공통적으로 발견되는 특징이다. 시인은 「망개풀」에서 어릴 적 할머니의 손을 만나고, 「아홉 이랑 콩밭 갈며 꿀벌도 치며」에서는 시인이 추구하는 이상적 삶의 공간을 제시한다. 시적 주체에게 자연은 단순한 회고와 동경의 대상이 아니라 존재의 근간을 형성하는 뿌리이며 뼈대이다. 그에게 자연은 언제 어디서나 "혀끝에서 맴도는 그때 그 소리"이다.

외연과 내포 사이의 긴장감과 탄력이 미학적 가치의 동력으로 시의 작품성을 좌우한다. 상투적이고 익숙한 언어로는 새로운 존재의 문을 열 수 없다. 시는 언제나 새롭게 출발한다. 그래서 다른 방식, 다른 이미지, 다른 상상력을 지향한다. 고루하고 관습적 언어에 구속될 때 시는 시인을 버리고 떠난다. 정용암 시인이 발 딛고 있는 시의 본적은 어디이고, 어느 방향으로 가고 있는 것일까.

내 어린 날에
구름은 꽃 바위는 뿌리, 라는
木月의 말이 세상에 아름찼는데

문득 하늘을 보니
찬바람머리 밭은 한숨들
날빛 속에 가득하네

내 젊은 날에
물고기 떼 연잎 동쪽에서 노닌다, 라는
王維의 말이 세상에 궁금했는데

문득 되새겨 보니
꽉 찬 두개골 속 여울지는 우렁잇속

연잎 사이로 갸웃거리네

이제 木月보다 王維보다 더한 나쎄에
바람이 구름을 西으로 밀고
물줄기가 바위를 東으로 치네

하늘과 땅의 사이에 성글어진 날빛 속에
회오리치다 붉게 주저앉는
저기 저 바람머리

－「빈혈」전문

 시인의 문학적 여정을 엿볼 수 있다. 박목월, 왕유 등을 거쳐 오늘에 이르기까지 시인은 시와 더불어 살아왔다. 이제 그는 박목월, 왕유보다 더 많은 나이가 되었다. 문학의 본적지를 떠나 그는 생의 종착지 인근에 서 있다. "하늘과 땅의 사이에 성글어진 날빛 속에/회오리치다 붉게 주저앉는/저기 저 바람머리"를 바라보고 있는 그의 눈가에는 지나온 삶의 편린들이 여러 개의 무늬로 아스라이 일렁이고 있다. 이 작품에서도 생을 응시하는 모습은 일관된 자세로 나타난다. 이러한 모습이 심미적 거리를 가능하게 하고 시적 완성도를 높이는 힘이다. 단순한 회고적 성향의 시들은 대상과의 거리 확보에 실패한 경우가 많다. 시적 주체가 통어하지 못한 감상에 휘둘린 결과이다. 이와 달리「빈혈」은 담담하게 과거를 돌아보면서 오늘의 삶을 되짚고 일어선 결과물이다. 시의 제목인 '빈혈'도 시사하는 바가 크다. 사전적 의미를 떠나 빈혈은 존재론적 의미로서 결핍과 결락 등 삶의 병리학적 현상을 일컫는다고 볼 수 있다. 독자가 상상력을 발휘하여 공감할 수 있는 것은 「빈혈」이 존재에 대한 응시와 통찰로 그려낸 내적 지도이기 때문이다.

새벽잠을 깨니
길갓방 한 칸이
공중누각과도 같네

문 틈새로 스미는 한기
붉은 얼룩 흰 그림자
빈 방에 또렷하네

청춘은 복달임과도 같아서
이문 없이 고단하고
명분 없이 들끓었네

꿈에 본 은빛 자전거를 타고서
와그르르 달리고 싶어
산지사처 발자국을 따라

저물녘 산모롱이에 울컥 서서
한 번 더 부르고 싶어
빈 이름자 매만지고 싶어

물먹은 손종 소리 귀에나 울릴는지
차르르르 은빛 바퀴살
되비치기나 할는지

– 「감응」 전문

「감응」에서 시인은 빈혈을 딛고 일어서고자 한다. 시인의 지난 삶은 '공중누각' '한기' '붉은 얼룩' 등으로 요약된다. '복달임'과 같은 삶의 끝자리에 '은빛 자전거'가 등장한다. 화자에게 '은빛 자전거'는 새로운 삶의 방향이며 아직 도착하지 않은 미래이다. 그는 비록 '저물녘 산모롱이'에 서 있지만 '빈 이름자 매만지고 싶어'하고 '차르르르 은빛 바퀴살'을 그리워한다. 빈혈의 삶을 살았던 화자가 정서적 비상구를 찾은 셈이다. 앞으로 시인의 작품이 어떤 방향으로 나아갈지 아무도 모른다. 그건 온전히 시인의 몫이다. 지금까지의 삶의 행려를 보면 한자리에 주저앉아 동어반복하거나 관습화된 서정에 안주하여 회고적 취향의 수사에 골몰하지 않을 것이다. 자기만족은 자기기만이라는 걸 아는 시인들은 당대 문학의 규약과는 먼 거리에 있다.

앞으로 정용암 시인은 현실과 존재에 대한 총체적 조망을 통해 당대의 시문법을 돌파하여 자기만의 고유한 시세계를 만들어 나갈 것으로 보인다. 주체이며 객체로서 자신의 삶을 살피고 자신의 무의식을 탐구해나가는 기나긴 여정에 그는 서 있다. 시는 자기고백에 머물지 않고, 세계와 존재에 대한 깊은 성찰을 통해 주어진 지도를 버리고 은폐된 진실과 마주한다. 그러나 오늘날의 시는 여전히 '쓸모없음'의 자리를 외롭게 지키고 있다. 변방의 등불로 희미하게 깜박거리고 있지만 시는 여전히 지상의 빛나는 광맥으로 존재한다. 성찰의 곡진함으로 빚어낸 이번 시집을 통해 시인은 새로운 시적 방향을 넌지시 보여주었다. 그러므로 '은빛 자전거'의 바퀴살에 튕겨오를 빛나는 언어를 기대하는 것은 이 시집을 읽는 모든 독자의 공통된 바람일 것이다. 정용암은 현재진행형의 시인이기 때문이다.

흙투성이 얼굴

2022년 9월 21일 초판 1쇄 인쇄
2022년 9월 29일 초판 1쇄 발행

지은이 | 정용암
펴낸이 | 孫貞順

펴낸곳 | 도서출판 작가
　　　 (03756) 서울 서대문구 북아현로6길 50
　　전화 | 02)365-8111~2　팩스 | 02)365-8110
　이메일 | morebook@naver.com
　홈페이지 | www.cultura.co.kr
　등록번호 | 제13-630호(2000. 2. 9.)

편집 | 손희 김치성 설재원
디자인 | 오경은 박근영
영업 | 손원대
관리 | 이용승

ISBN 979-11-90566-51-3 (03810)

잘못된 책은 구입하신 서점에서 바꾸어 드립니다.

값 10,000원